明日から
投資信託セールスにもっと自信がつく本

基本知識とすぐに使える提案ノウハウ

伊藤雅子 著

近代セールス社

・本書は信頼できると思われる一般情報に基づいて作成していますが、その情報の正確性、完全性を保証しているものではありません。ご利用に際してはご自身の判断でお願いします。
・本書は情報の提供を目的としており、本書により何らかの行動を勧誘するものではありません。投資等に関する最終決定は、ご自身の判断でお願い申し上げます。
・本書は、法律、税務、会計に言及している部分がありますが、この点に関しましては専門家の助言を受けられることをおすすめします。
・本書に書かれた意見および予想は筆者の個人的な判断によるものであり、所属している団体の見解を示すものではありません。これらは予告なく変更されることがあります。

はじめに

本書は、「近代セールス」誌に2年間に渡って連載した「基礎力と自信をアップさせる投資信託のキホンとお客様への提案ノウハウ」全20回（２０１０・４・1号〜２０１2・2・15号掲載）をベースに作られています。今回、書籍化するにあたり、投信販売に携わる皆様が「投信セールスに真正面から向き合う」ための何らかのヒントになれば…という想いをこめて、加筆、修正を加え、再編集しました。

今、この本を手にとってくださっている方はおそらく、投資信託に何らかのかたちで携わっているか、これから携わろうとしている方だろうと思います。「明日から投資信託セールスにもっと自信がつく本」というタイトルから、「お客様とうまく話せる魔法のセールストークが書いてあるのでは！」と期待されている方もいらっしゃるのではないでしょうか？

もちろん、お客様との会話におけるテクニックといったものがないわけではありません。しかし、お客様の顔が一人ひとり違うように、資産運用に対する考え方は一人ひとり違うもの。投信セールスに唯一の正解はありません。

だからこそ目先のテクニックにとらわれるのではなく、まずは地味でも普遍的なこと、基本的な仕組みや構造をしっかり押さえることから始めてほしい――本書の狙いはそこにあります。

そのため本書では、投資信託という考え方そのものと、投資信託セールスの流れの基本を押さえたうえで、お客様の納得を得るために「何を」「どう」説明していけばよいかをまとめました。具体的な提案ノウハウも盛り込んでありますので、実践としても役立てていただけると思います。

本書に記した内容は、筆者の社会人生活の中で一緒に仕事をした上司や先輩、同僚から教えられたこと、現職において、セミナーにご参加くださったたくさんのお客様や、研修等でご一緒させていただいた販売会社の皆様から教えていただいたことが多く含まれています。こうした方々への感謝の気持ちを込めて、現場だからこそ気づく声、現場だからこそ分かる思いを、丁寧に綴ったつもりです。本書が、投信販売に携わる皆様が悩み抱える課題解決の一助となれば幸いです。

なお、文中意見に渡る部分はすべて筆者の私見であり、筆者の所属する組織とは何ら関係のないことをあらかじめお断りしておきます。

伊藤雅子

目次

第2章　投資信託セールスはサイクルをまわせ！　35

第3章　マンガで分かる！「納得感のある説明・提案」へのヒント　67

投資信託をセールスする前に

第1章

1 「投資信託」という考え方

「投資信託をセールスするというよりも、投資信託という考え方をセールスしているんだと思います」

これは、某銀行のトップセールスの方に「成績トップの秘訣」をお伺いしたときの答えです。もう何年も前の話ですが、今も私の頭に鮮明に残っているのは、この言葉がまさに投信セールスの本質をついているからだと思います。

お客様にとっては、資産運用の手段は投資信託とは限りません。様々な選択肢の中から投資信託という金融商品を自ら選び、素直に受け入れてもらうためには、何よりもまず「投資信託という考え方」に賛同してもらうことが大前提となります。

皆さんは、「投資信託という考え方」を、自信を持ってお客様に伝えられていますか。実はまだモヤモヤしている部分が…と密かに思っている方は、ぜひここでスッキリさせておきましょう。

投資信託は「乗合船」

投資信託というのは、一言でいえば「乗合船」のようなイメージの金融商品です。同じ投資目的を持つ人たちが、少額の資金を出し合い、船に乗り込みます。船が進むべき方向を決定しているのが、投資信託の運用を担う「運用会社」であり、その船のキャプテン（船長）が、ファンドマネージャーということになります。

世界に広がる投資の海には、株式の島、債券の島、為替の島…など、いろいろな島が存在します。それぞれの船は、マーケットの荒波を乗り越えながら長い航海を続けていくために、どのような航路をとり、どの島に立ち寄るか、あらかじめ決められています。揺れの激しい厳しいコースをとってでも、大きなリターンが狙える株の島を目指す船もあれば、比較的リターンの小さい債券の島にしか立ち寄れないが、安全なコースを重視する船も、すべての島をバランスよく回る船もあります。

どの船を選ぶかは、その人次第です。したがって、同じ船に乗り込んだ人たちは、その船の目的・方針に賛同したということになります。一方、キャプテンは、信じて託されている資金を束ねて、各々の島で利益を上げながら、潮の流れや風向き、船の状況などを見極めつつ、目的どおりの航海を遂げなくてはなりません。

つまり投資信託は、**「投資目的を同じくする者が、みんなでお金を出し合って、一人ではなかなかできないリスク分散投資を、プロに任せて実現し、その収益を分け合う仕組み」**なのです。

根底に流れる考え方は140年以上も前から同じ!

実は、この投資信託の仕組みの誕生は、19世紀後半のイギリスにまでさかのぼります。当時のイギリスは、産業革命で巨額の富を蓄積したものの、すでに国内に有望な投資対象はなく、金あまり状態で金利は低水準。大口投資家たちは、開発ブームに乗って高い経済成長を遂げていた当時の米国や中南米など、海外への投資で利益を上げていましたが、小口投資家たちはなかなか手を出せずにいました。①まとまったお金がない、②当たりはずれが大きくて(リスクが大きくて)怖い、③情報や知識が少ない、といった理由が障害となっていたからです。

①まとまったお金がない	→	みんなのお金を集めて大きなお金にし、まとめて投資する
②当たりはずれが大きくて怖い	→	複数の国（銘柄）に分散投資する
③情報や知識がない	→	運用を知識や情報を持っている専門家に任せる

このような中、投資信託は①～③を解決する仕組みとして考案されました。

ちなみに、世界で最初の投資信託は、１８６８年（明治元年）にイギリスで設立された「フォーリン・アンド・コロニアル・ガバメント・トラスト」という名前のファンドだとされています。その設立の目的が書かれた趣意書（現在でいう目論見書）には、「複数の証券に分散投資することによって、海外投資の危険を少なくすることにより、小口投資家が大口投資家と同様のメリットを受けられるようにする」と謳われていたそうですが、この考え方は、時代が流れ、各国で様々な形の商品が登場した今も変わらず、投資信託の根底に流れているのです。

メリットとデメリットは表裏一体

しかしながら投資信託は、共同投資によって一人では得られないメリットを得られる代わりに、一人の場合に得られるメリットは得られません。これは、投資信託という乗合船では「集団行動」が原則であり、「特定の誰か」の事情には合わせてもらえないということを意味します。

例えば、債券の島行きの船に乗ってしまってから、やっぱり株の島に行きたくなったとしても、一人の乗客の希望のために船が航路を変えることはありません。天候が荒れ、自分一人だったら安全な港に一時避難するのに…というときでも、あくまでキャプテンの判断に委ねなくてはなりません。順調な航海で獲得した利益の分配も、その時点でできるだけ多く分配するか、利益の一部だけを分配して残りは次の航海の備えとするかは、船ごとにあらかじめ決められた方針に従わなければならず、一人ひとりの希望に合わせてはもらえません。さらに、航海に成功してお金が増えても、失敗してお金が減っても、大きな船に乗せてもらい、他人に船の運転を任せる以上、一定の船賃（コスト）がかかります。


いかがでしょうか？「それならやっぱり乗合船なんて嫌だ！　納得いかない！」と思う方もいるでしょう。

しかし、投資の世界に限らず、世の中に魔法のような話はないのです。もちろん、知識・経験豊富なキャプテンでも、巨大な台風を避けられず、みんなで出し合った資金を減らしてしまうことはあります。しかし、たった一人、限られた情報の中、小さな船で大海原に漕ぎ出す不安やリスクを考えれば、個人が投資の海を渡る手段として乗合船がいかに合理的であるか、理解できるのではないでしょうか？

メリットの裏のデメリットまで含めて、「投資信託という考え方」をお客様にしっかり伝えていただきたいと思います。

「投機信託」ではなく「投資信託」

「投資信託という考え方」について、もう1つ強調しておきたい点があります。それは、「投資」を「信」じて「託」すという名称のとおり、そもそも投資信託とは**「投資」を行う人向けに設計された道具**であり、構造的に「投機」には向いていないということです。

「投資」も「投機」も、リスクをとってリターンを得ようとする点では同じです。しかし、リターンの獲得法とリスクへの対処法には大きな違いがあります。

「機」会にお金を「投」じる「投機」は、タイミングを計って短期間の取引を多数行い、1つ1つの取引機会での勝ちを積み上げていくスタイルです。マーケットの動きを常に追いかけ、安くなったら買い、高くなったら売るという、元本の売買を繰り返していかなくてはなりません。当然のことながら、マーケットの状況から自分の精神状態まで、取引の条件は常に変化しますから、取引機会ごとにうまくいく場合といかない場合の差が大きくでます。これは運用の世界でいうリスク（＝リターンのばらつき）が大きくなるということ。つまり、リスクに賭けるということです。

一方、「資」産にお金を「投」じる「投資」は、取引対象として選んだ1つ1つの資産が本来持つ「稼ぎ力」をベースに、中長期に渡って収益を積み上げていくスタイルです。

時間を利用して、元本が生み出す利子・配当を稼ぐ地道なやり方ですから、投機に比べて、リターンが劇的に膨らむという期待はあまり持てません。しかしリスクについては、分散によってコントロールするという考え方をとる分、制御できる期待が持てます。

このように、「投機」と「投資」はどちらが良い悪いということではなく、お金を殖やすための方法の違いです。そしてリターンもリスクもすべて自分が背負うものであり、元本が一定でかつ元本保証を基本とする「預貯金」とはその性格が根本的に異なるものなのです。

さて、皆さんの目の前にいらっしゃるお客様は、「投機」によってお金を殖やしていきたいとお考えでしょうか？　それとも「投資」によってお金を殖やしていきたいとお考えでしょうか?

お客様がもし「投機」を志向しているのであれば、その道具として「投資信託」はふさわしくありません。分散を基本とする投資信託は、期間限定タイプなど例外を除けば、原則として「中長期の投資」のために設計されているものであり、短期では大きく利益を上げにくい仕組みになっているからです。パンはオーブンで焼き、ごはんは炊飯器で炊くように、目的と道具は一致させることが大切なのです。

投資信託は、「投機信託」ではなく、あくまで「投資信託」です。「投資信託という考え方」をセールスするということは、すなわち、投機と投資をきっちり区別したうえで、投資の本来の意味合いを理解してもらうということに他なりません。

節度を守って楽しむ限りにおいては、私も「投機」の面白さを否定しません。ただし、「投機」によって中長期に渡って資産を殖やしていくことは、素人のみならずプロでも難しいことです。また「投機」では、マーケットをチェックしたり、自分で判断して売ったり買ったりするために、多くの時間と労力を割かなければなりません。

「投資」を目的に投資信託という道具を使う――「投資信託という考え方」は、個人の資産運用において、格段に手間のかからない効率的な考え方といえます。

2 これだけは知っておきたい　投資信託の「森」

お客様に「投資信託という考え方」を理解いただいたら、さっそく次は具体的なファンドの話を！　といきたいところですが、まだ焦りは禁物です。

なぜなら、投資信託という乗合船に初めて乗ろうとするお客様は誰しも、乗船時の注意事項や船内で使われる聞き慣れない言語（＝投信用語）に不安を覚えるものだからです。かといって、最初から細かなことを説明しても、お客様の不安は増すばかり…。出航する前に、船に乗ること自体をあきらめてしまうお客様もいるかもしれません。

乗合船のチケットを販売する皆さんは、せめてチケットに書かれている基本的なルールや用語くらいは、お客様がすんなりと理解できるように、手助けをしてあげなくてはなりません。そのためには、投資信託という金融商品で「最低限押さえておきたい点」について、何よりもまず自分自身が整理できていることが必要です。

整理のコツは「森を見てから木を見る」。全体を俯瞰してから、細部を見ていくほうが圧倒的に分かりやすくなります。まずは、投資信託の「森」を一緒に眺めておきましょう。

ツリーマップで「制度上の種類」を押さえる

チケット売り場に来たお客様の最初の悩みは、「どの船を選ぶか」ということです。自分が乗るべき船を選ぶにあたっては、そもそも自分が乗れる船か、途中で乗ることは可能なのか、などを知っておかなければなりません。

投資信託は一般に「ファンド」と呼ばれることがありますが、ひとくちにファンドといっても、実に様々な種類があります。名前を聞いただけでは何がなんだか分からなくなってしまいますので、分類して整理することでその特徴を理解していく方法がオススメです。

投資信託にはいろいろな側面からの分類の仕方がありますが、もっとも基本的な「制度上の分類」は、第一段階から第四段階まで、大きく2つずつに分けることができます。

●「公募」と「私募」

第一段階は**「誰でも買えるか」**による分類です。

「公募投信」は「不特定多数（50人以上）の一般投資家を対象とした投信」であり、皆さんが直接取り扱っている投信のことです。一方「私募投信」は、「機関投資家や50人未満の投資家を対象に募集する投信」です。富裕層や金融機関、一定規模以上の事業会社など、投資に関する知識や経験が豊富な投資家を対象としているため、目論見書の交付義務がないなど、公募投信に比べて緩やかな規制が適用されています。

●「契約型」と「会社型（投資法人）」

第二段階は**「どのような形態か」**による分類です。

日本において主流になっている「契約型」というのは、お金の保管・管理を行う受託会社（信託銀行）と、実際のお金の運用・指図を行う委託会社（運用会社）が「信託契約」を結んで、運用の成果を投資家に還元する形で運営されています。

一方、「会社型投信」とは、資産運用を目的とする法人（会社）を設立し、投資家はその法人が発行する投資証券（株式会社の「株式」にあたるもの）を所有して株主となり、運用の成果を法人が株主に還元する形をとります。投資信託そのものが1つの法人になっているイメージであり、ゆえに「投資法人」と呼ばれています。この代表例が、最近ではよく耳にするようになったＲＥＩＴ（不動産投資信託）です。実は、米国ではこの会社型投信のほうが主流で、「ミューチュアルファンド」と呼ばれています。

●「株式投資信託」と「公社債投資信託」

第三段階は「**株式を組み入れることができるか**」による分類です。

その名のとおり、「株式投資信託」は株式を組み入れることができるもの、「公社債投資信託」は国債や社債など債券を投資対象とし、株式を一切組み入れずに運用するもの、というのが本来の意味です。

しかし、実際には「株式ファンド＝株式投資信託」「債券ファンド＝公社債投資信託」とは言い切れません。「え？・」と思うかもしれませんが、株式中心に投資するファンドはもちろん、株式への投資割合がたった１％のファンドでも、実際には海外債券にしか投資していないファンドでも、「株式投資信託」に分類されていたりします（33ページの「コラム」参照）。

実は、わが国の税法では「株式投資信託」と「公社債投資信託」の税率などが異なるため、この分類は、課税上の区分のために行われているという側面が強いといえます。よりファンドの中身を理解するには、実質的な投資対象で区分している「投資信託協会の商品分類」（22ページ参照）で確認するとよいでしょう。

●「単位型」と「追加型」

第四段階は「**いつ買えるか**」による分類です。

投資信託では複数の投資家の資金を募集し、運用を開始することからスタートします。

図表１　「２－２－２－２」で覚える投資信託ツリーマップと
ファンド本数（2012年４月末）

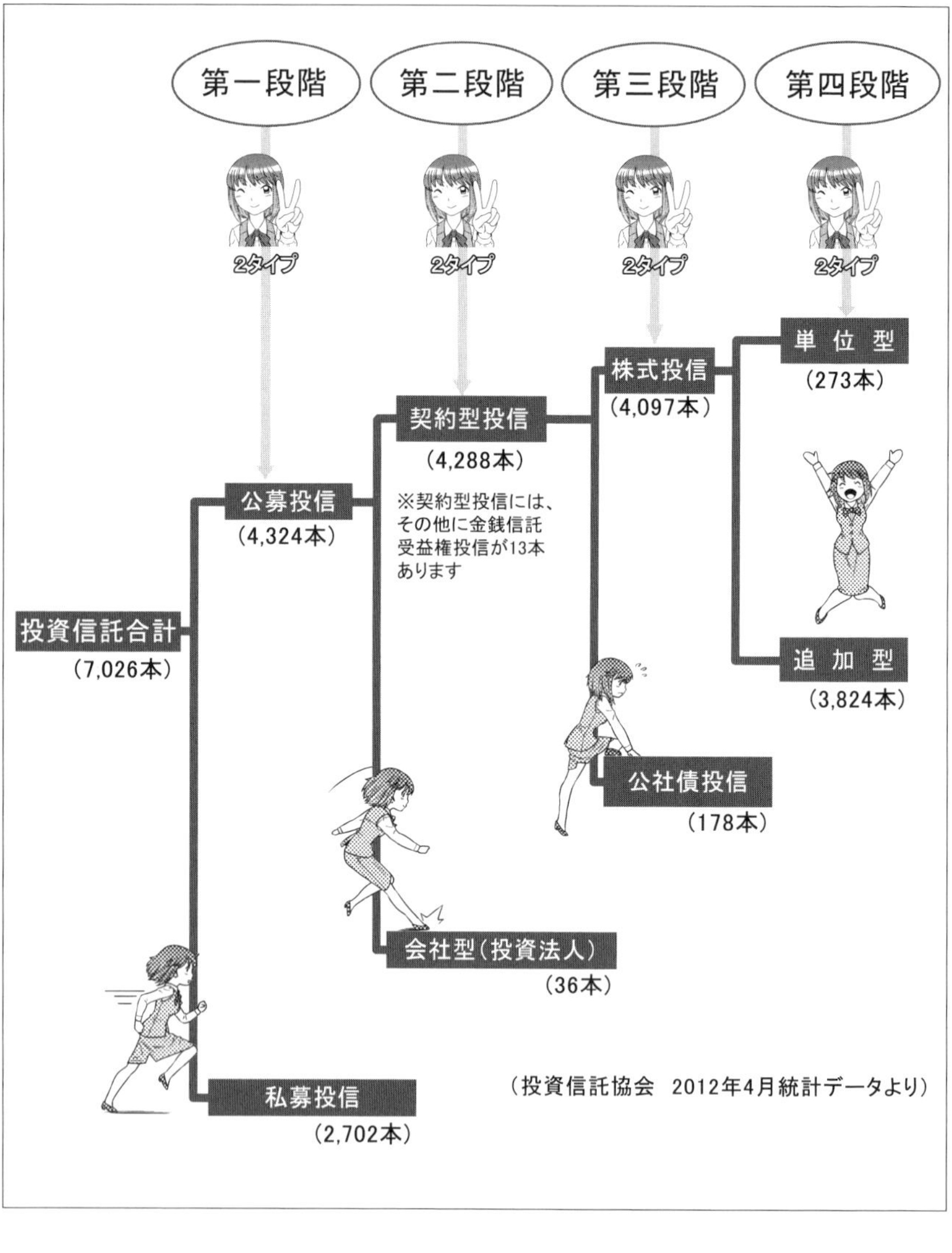

(投資信託協会　2012年4月統計データより)

これを「当初設定」といいます。「単位型」は、当初設定前の募集期間にしか購入できないタイプ、「追加型」は当初設定後もいつでも購入できるタイプになります。

「単位型」の購入価額は、全員が同じ（一般的には1万口あたり1万円）です。運用が開始された後は新しい資金は追加されませんので、最初に集まった資金を固定的に運用できる利点があります。マーケット環境に応じてタイミングを見て設定されるファンド、一定の上昇率を達成したときには償還するファンドなどが「単位型」で設定される代表的な例です。また、設定から償還までの年数もあらかじめ決められており、解約にも一定の制限が設けられている場合があります。

一方「追加型」は、有期限のものと無期限のものがありますが、期間中はいつでも購入・解約ができるという意味から「オープン」と呼ばれます。つまり、乗り降り自由な乗合船ということです。購入価額は、日々変動する時価になりますので、買うタイミングによって一人ひとり異なります。当初設定された資金に、後から追加された資金も加えて、一緒に運用していくことになります。

実は、今から約60年前に登場した日本初の投信は「単位型」でした。リスクのある金融商品になじみの薄かった日本では、一定の年月が経過すると償還されるタイプのほうが、定期預金に近い感覚で受け入れやすかったのです。しかし、１９９８年に銀行窓口での投信販売が解禁され、規制緩和が進むと、自分の好きなときに購入・解約できるという自由度の高さから、「追加型」の勢力が一気に拡大しました。今や、「投資信託といえば追加

図表2　投資信託協会が定める商品分類

商品分類表		
① 単位型・追加型	② 投資対象地域	③ 投資対象資産（収益の源泉）
単位型 追加型	国内 海外 内外	株式 債券 不動産投信 その他資産 資産複合

※その他に
独立区分としてMMF・MRF・ETF、
補足分類としてインデックス型・特殊型があり、
該当する場合にのみ表示されます。

ABC
ジャパンオープン
追加型投信／国内／株式
ABC
新興国債券
オープン
追加型投信／海外／債券
ABC
グローバル・
バランス・
オープン
追加型投信／内外／資産複合

型」といっても過言ではありません。

以上をまとめたものが、20ページの**図表1**です。このように、投信の種類は全体を見渡すツリーマップにすると整理しやすくなります。分類は「**2−2−2−2**」でざっくりと、しかし大切なポイントはしっかりと、頭に入れておいてください。

商品分類表で「運用対象での分類」を押さえる

制度上の分類が理解できたら、次は「運用対象での分類」を押さえましょう。投資信託の収益は、乗合船でどの島を目指すのか、つまりそのファンドが主にどの資産に投資するかによって大きく左右されるからです。

運用対象での分類には、投信評価会社や販売会社、運用会社などが独自に行う分類もありますが、何よりもまず、乗合船のチケットに書かれている分類を知っておく必要があります。それが、投資信託協会が2009年1月からスタートさせた商品分類です（**図表2**参照）。

①については、すでに説明した「単位型」か「追加型」の区分です。②は、主な投資収益が「どこの」資産を源泉とするのか、③は「何の」資産を源泉とするのかによって区分されています。③の区分のうち、「その他資産」は株式・債券・不動産投信（リート）以外の資産を源泉とする場合、「資産複合」は複数の資産を源泉とする場合に区分されます。

具体的に例を挙げてみましょう。

●追加型で、主に国内株式に投資するファンド　→　「追加型投信／国内／株式」
●追加型で、主に海外債券に投資するファンド　→　「追加型投信／海外／債券」
●追加型で、主に国内外の株式と国内外の債券に投資するファンド（いわゆるバランス型と呼ばれるタイプ）　→　「追加型投信／内外／資産複合」

このように、ぱっと見て、そのファンドが主にどの資産に投資し、収益の源泉としているのかをつかむことができます。目論見書や運用報告書などの表紙の、ファンド名の下に記載されていますので、お客様の投信選びに活用してもらうとよいでしょう。

3 これだけは知っておきたい　投資信託の「木」

投資信託の「森」を俯瞰できたら、今度は「木」を見ていきましょう。

投資信託を語るうえで絶対に避けて通れないのが、投資信託の値段である「基準価額」です。基準価額についてはつい、「ファンドの日々のお値段です」といった簡単な説明で終えてしまうことが多いのですが、初めて投資信託に向き合うお客様にとっては、分かりにくい部分がたくさんあるようです。投資信託の値段はどのように決まるのか、その細部を丁寧に解きほどいておきたいと思います。

まずは「口数」という概念

お肉はグラムという単位で量ります。株式は何株という単位で数えます。では投資信託の場合は…そう、単位は「口数」です。

投資信託は、何十、何百という銘柄を保有するパック商品ですが、ほとんどのファンドが1万円程度から購入できるのは、この「口数」という単位で切り売りされているからです。実際に投資信託を購入する際には、1万円以上1円単位といったように金額単位で買

い付けるケースが多いようですが、たとえ金額単位でファンドを購入しても、投資信託を「口数」で管理することに変わりはありません。投資信託の「少額から購入できる」というメリットは、この「口数」という概念によって生まれているのです。

なお、「**総口数**」とは、そのファンドを保有しているすべての人が持っている口数の合計のことです。乗合船に乗り込む人が増えているか減っているかを示すバロメーターととらえておきましょう。

「基準価格」ではなく「基準価額」

次に、いよいよ本題の「基準価額」です。ここで改めて、その字をよーく見てみてください。もしかしたらこれまであまり気にしたことがなかったかもしれませんが、「基準価格」ではなく「基準価額」なのです。

図表3　基準価額の決まり方（イメージ図）

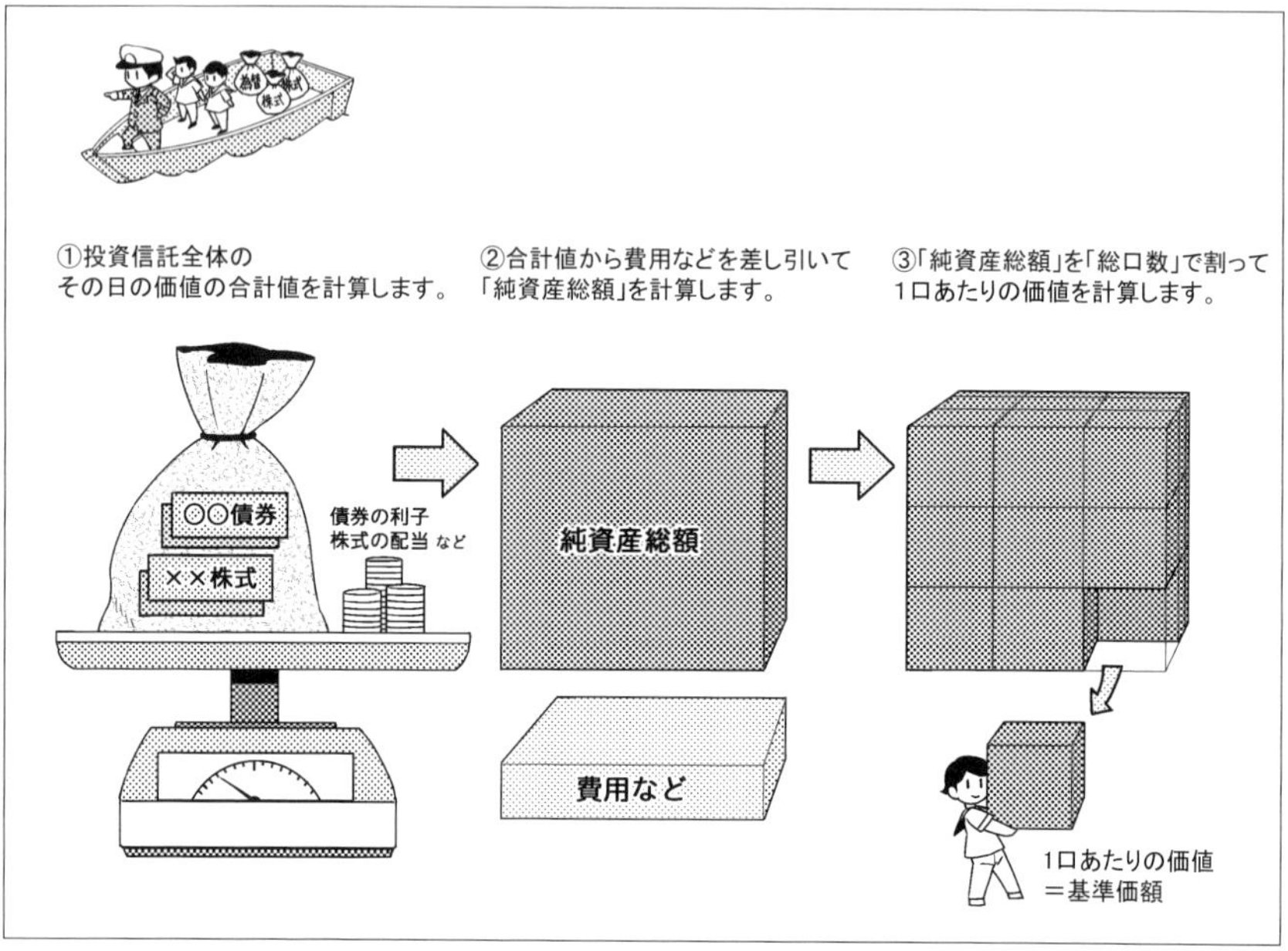

債券
株式
①投資信託全体の
その日の価値の合計値を計算します。
②合計値から費用などを差し引いて
「純資産総額」を計算します。
③「純資産総額」を「総口数」で割って
1口あたりの価値を計算します。
○○債券
××株式
債券の利子
株式の配当 など
純資産総額
費用など
1口あたりの価値
＝基準価額

ファンドの値段を表す言葉なら、価格でもいいじゃないか！と思うかもしれませんが、正しくはやはり「価額」です。その理由は、基準価額の決まり方に隠されています。

図表3をご覧ください。投資信託ではまず、乗合船に積み込まれた株式や債券などをすべて時価で評価し、さらに債券の利子や株式の配当なども加えてその日の価値の合計値を出します（①）。ここから、投資信託に関わる手数料といった費用などを差し引いたものが「**純資産総額**」です。ファンドに組み入れられた資産の価値が上がるか下がるかによってこの箱そのものの大きさも日々変化します（②）。基準価額は、まさにこの純資産総額をその日の保有者全員が持っている口数の合計で割って計算した、ファンド1口あたりの価値です（③）。

日本国内で販売されている投資信託は、一般的に「1口＝1円」として「1万口あたり1万円」で運用が開始されるので、通常は「ファンド1万口あたりの価値」が表記されていると考えてください。

つまり、基準価額とはあくまで、運用成果である純資産総額をファンド全体の口数で割った「結果」であり、銘柄そのものの需給関係で刻々と値段が変動する株価とはその性質が異なるものなのです。これで、基準価額が1日1つの理由もご理解いただけると思います。

ちなみに辞書によると、「価格」はあるものを売ったり買ったりするときの値段そのものを指すのに対し、「価額」は品物の値打ちに相当する金額、客観的に評価された金額を指すのだそうです。なるほど「基準価格」ではなく「基準価額」、もう間違わずにすみますね。

値段の分からないお買い物？

時々、お客様から「投資信託はなぜ値段を見てから買えないのか？」と聞かれることがあります。確かに、株式を買うときはもちろん株価を見てから、しかも指値で注文を出すことまで可能になっていますから、お客様からすれば不思議な気がするのでしょう。

投資信託の場合、その日の基準価額は1日1回、各市場が閉まった時点で時価評価を行って計算しますので、値段が分からないまま売買することになります。これを「**ブライン**

ド方式」と言います。

ではなぜ、投資信託は「ブラインド方式」なのでしょうか？　一言でいえば、見えないことが公平の証だからです。

もし、申込日当日に前日の基準価額で購入・解約ができてしまうと、投資対象である債券や株式の値段が上がったか下がったかを確認してから売買できることになります。途中でファンドに出入りする人が、基準価額が上昇した後に前日の低い価額で購入できたり、基準価額が下落した後に前日の高い価額で解約できたりしたら、そのファンドを持ち続けている人に不利益が生じてしまいますよね。

乗合船は、一人ではできない投資をみんなでお金を出し合って実現し、その収益を分け合う仕組みですから、当然「集団行動」が原則です。船に乗り続けている人、途中で乗り込む人、途中で降りる人…ブラインド方式で皆の「公平」を保ちながら、航海は続いていくのです。

基準価額の高いファンドと低いファンド？

ただし、基準価額については様々な誤解があるようです。私も実際に、「基準価額が高いファンド＝運用がうまいファンド」とおっしゃるお客様や、「基準価額が低いファンド＝割安なファンド」と考えるお客様にお会いしたことがあります。

では、実際に例題で考えてみましょう。

図表４　ファンド設定時期による基準価額の違い

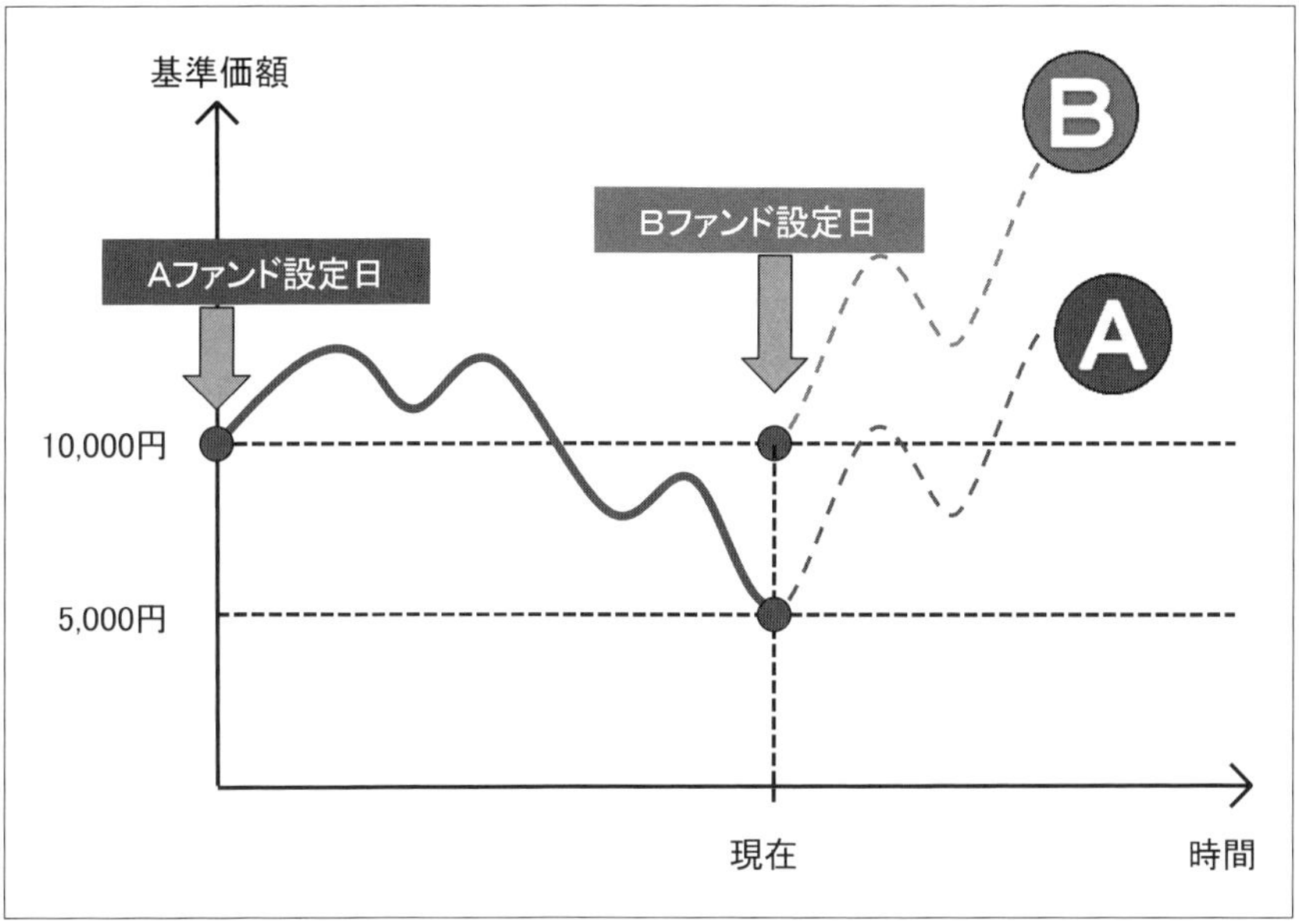

今、ここに、全く同じ投資対象で、全く同じ運用をし、全く同じコストがかかる、２本のファンドがあるとします。ただ１つ違っているのが、現在の「基準価額」です。

Ａファンド：５０００円
Ｂファンド：１万円
※ここでは計算を簡単にするために、
１口あたりの基準価額とします。

まず、基準価額だけを見て、Ｂファンドのほうが優れていると早合点してはいけません。中身が全く同じファンドであったとしても、ファンドが設定された時期が違えば、基準価額が大きく異なってしまうことがありうるからです（**図表４**参照）。

次に、今手持ちの１００万円で、Ａファンド・Ｂファンドのいずれかを購入するとします。どちらがおトクでしょうか？

通常、投資信託の基準価額は設定日前日を1万円として計算されています。1万円でスタートして、今5000円まで下落しているAファンドは、安くなっているからおトクでしょうか？　現在1万円のBファンドは割高なのでしょうか？

ここで、26ページでご説明した「口数」と「基準価額」の関係をぜひ思い出してください。同じ100万円でファンドを購入すれば、Aファンドは200口、Bファンドは100口を保有できます。たくさんの口数が買えるAファンドがトクな気がするかもしれませんが、本当にそうでしょうか？　確かめてみたいと思います。

購入した時点から投資対象が10％上昇したとすると、それぞれの基準価額は次のようになりますよね。

Aファンド：5000円　→10％上昇→　5500円

Bファンド：1万円　→10％上昇→1万1000円

このとき、投入した100万円はいくらになっているかというと…？

Aファンド：　5500円×200口＝110万円

Bファンド：1万1000円×1000口＝110万円

もう、お分かりですよね。投資とは、金融商品を買うことです。投資信託の場合、買った口数に１口あたりの基準価額をかけることで、保有しているファンドの評価をします。１個１００円のりんごを１００個買ったら、りんご全部の評価が１万円となるのと全く同じ理屈です。つまり、Ａ・Ｂどちらのファンドを買っても、投入した１００万円は１１０万円。運用成果に違いはありません。

「でも、口数を多く買えるほうがたくさん分配金を受け取れるから、やっぱりAファンドがおトクですよね！」と時々言われることがありますが、これも分配金の仕組みがしっかり分かっていればクリアになります（分配金について詳しくは、第3章6を参照してください）。

ご説明してきたとおり、投資信託は乗合船です。途中で降りる人もいますが、本来、長く乗り続けてもらうことが前提となっています。船に乗り続けながらも途中で収益を受け取ってもらう仕組みが「分配金」です。あくまでその時点で船に積まれている「運用資産全体」の中から「一部」を取り崩して、保有口数に応じて「１口あたりいくら」を全員に還元するものでしかありません。分配金を支払った相当分、純資産総額は減りますので、口数で割った基準価額は下がることになります。

では、投資対象が10％上昇した時点で、「１口あたり１００円」の分配金を出すとしたら、それぞれどうなるでしょうか？

Aファンド：分配金を出す前の基準価額　　　５５００円×２０００口＝１１０万円
　　　　　受け取る分配金　　　　　　　１口あたり１００円×２０００口＝　　２万円
　　　　　分配金を出した後の基準価額　＝５４００円×２０００口＝１０８万円

Bファンド：分配金を出す前の基準価額　１万１０００円×１０００口＝１１０万円
　　　　　受け取る分配金　　　　　　　１口あたり１０００円×１０００口＝　１万円
　　　　　分配金を出した後の基準価額＝１万９００円×１０００口＝１０９万円

確かに、Aファンドを購入すれば受け取る分配金はBファンドの倍です。しかし、分配金は運用資産全体の中からの一部取り崩しですから、投資の評価はあくまで、運用資産全体で考えなくてはなりません。Aファンドの場合、投入した１００万円は１０８万円の評価になっていますが、受け取った分配金２万円と合わせれば、合計で１１０万円。Bファンドの場合も同様、１０９万円＋１万円＝１１０万円。結局、A・Bどちらのファンドを買っても、損得は変わらないことが分かりますよね。

このように、基準価額が今いくらかというのは、割高・割安のモノサシにはならないのです。「基準価額が今、５０００円だから買う」「基準価額が１万円で高いから買わない」というのでは、判断を誤ってしまいます。単純に「基準価額の高い、低い」で、その投資信託の良し悪しを見極めることはできないということを、最初に覚えておいてください。

Column

債券にしか投資していないファンドなのに、どうして株式投資信託に分類されているの？

19ページでご説明したとおり、日本の契約型の投資信託は、主な投資対象によって「公社債投資信託」と「株式投資信託」の2つに分類されます。

「株式投資信託」は、「株式」という名前がついていることから、「株式」だけに投資しているファンドのように思えますが、現在主流の毎月分配型ファンドの目論見書をよく見てみると、株式にまったく投資せず債券のみに投資するタイプでも、「株式投資信託」に分類されていることが分かります。

なぜ、こんなややこしいことになっているのでしょうか？　これには、投資信託協会の規則（投資信託財産の評価及び計理等に関する規則）で定められた、分配方針に関する制約が大きく関係しています。

「株式投資信託」は自由度が高く、基準価額が1万円を割り込んでいても、配当や有価証券の売買益等から分配を出すことができます。しかし、組み入れ対象資産が債券に限定されている「公社債投資信託」（※）には、「決算日時点で基準価額が1万円を下回っている場合は分配を出してはいけない、また1万円を上回っている場合は、上回っている分全額を分配しなくてはならない」という厳密なルールがあり、分配金をいくら出すか自由に決めることはできません。
このため、定期的に分配する方針を実現しようとするファンドは、債券のみに投資するものであっても、ルール上株式にも投資できる規定を設け、使い勝手のよい「株式投資信託」に分類して設計されることが多いのです。

（※）ここでは「追加型公社債投資信託で当初元本が1万円のもの」を指しています。

投資信託セールスはサイクルをまわせ！

第2章

1 「PDSサイクル」で考える投信セールスの流れ

投資信託の基礎の基礎を押さえたら、今度は投信セールスそのものの意味と意義を整理しておきましょう。突然ですが、「投資信託のセールスをしている場面を思い浮かべてみてください」と言ったら、皆さんはどんな場面をイメージしますか？

おそらく多くの方が、特定のファンドのパンフレットを並べて、お客様に一生懸命商品の説明をしている姿をイメージするのではないでしょうか。確かに、最終的にお客様に提案するのは具体的な商品ですし、ノルマを課せられる販売員の側からすれば「商品を売ってナンボ」が本音でしょうから、商品説明の場面が真っ先に頭に浮かぶのも無理はありません。

しかし、どんな商品でも、セールス活動というものは必ず、一連の手順が実行された結果として販売に至るものです。投資信託も例外ではありません。一連の流れを知ったうえでセールスするのと、知らないでセールスするのでは、後々の結果に天と地ほどの差が出ると言っても過言ではないでしょう。

では、投信セールスの流れとは一体どんなものなのでしょうか。何を考え、何を用意

図表　「PDSサイクル」で考える投信セールスの流れ

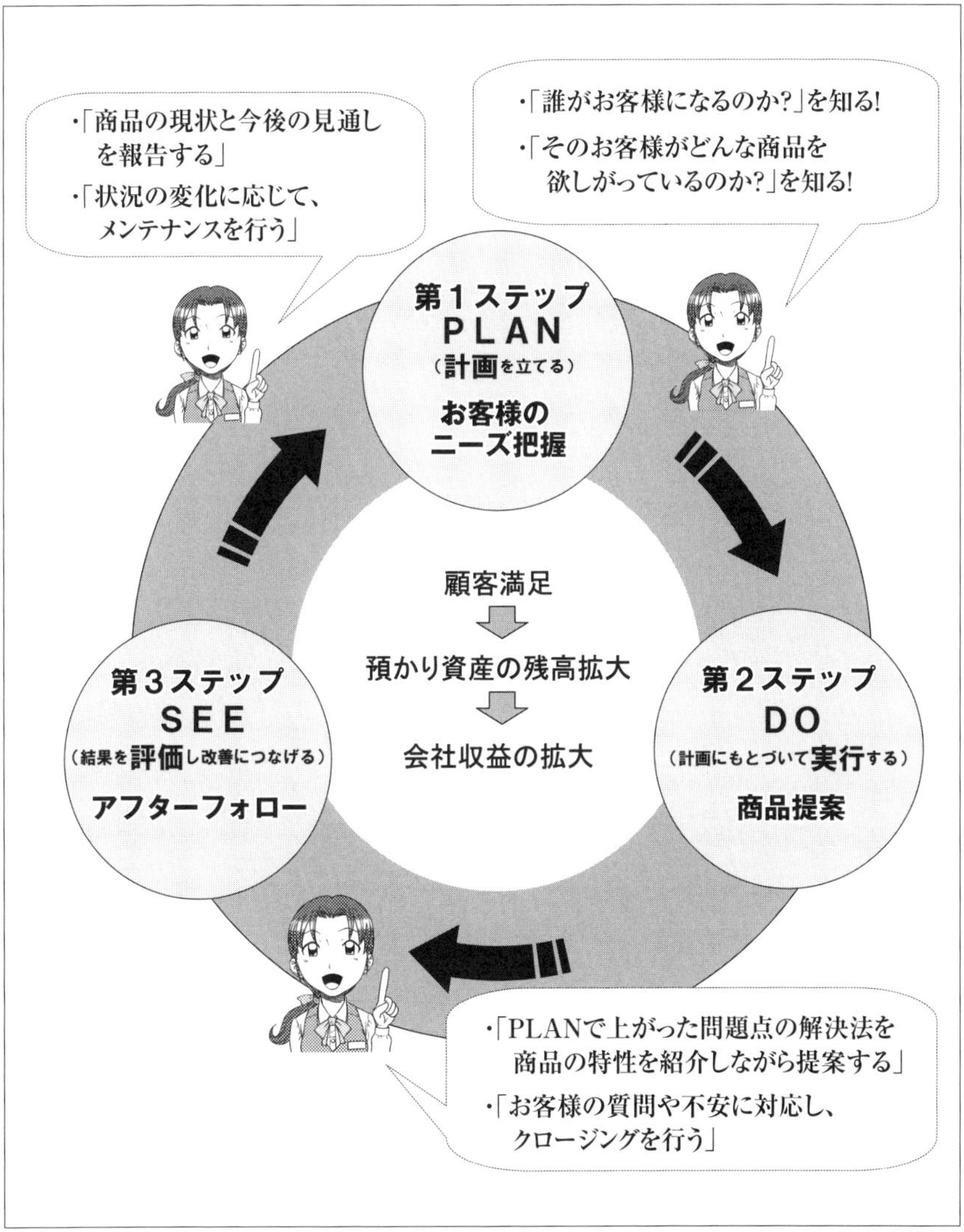
・「商品の現状と今後の見通しを報告する」
・「状況の変化に応じて、メンテナンスを行う」
・「誰がお客様になるのか?」を知る!
・「そのお客様がどんな商品を欲しがっているのか?」を知る!
第１ステップ
PLAN
（計画を立てる）
お客様のニーズ把握
顧客満足
預かり資産の残高拡大
会社収益の拡大
第３ステップ
SEE
（結果を評価し改善につなげる）
アフターフォロー
第２ステップ
DO
（計画にもとづいて実行する）
商品提案
・「PLANで上がった問題点の解決法を商品の特性を紹介しながら提案する」
・「お客様の質問や不安に対応し、クロージングを行う」

し、どう実践すればよいのでしょうか？　投信セールスに対する不安を少しでも解消するには、どんな点に注意して、どんな考え方を持っておけばよいのでしょうか？

投信セールスの基本的な流れを説明するパターンはいくつもあると思いますが、私自身は、**「PDSサイクル」**というモデルにあてはめる考え方が、最もコンパクトで分かりやすいと思っています（37ページ**図表**参照）。

「PDSサイクル」とは、組織を効率的に動かす仕組み、マネジメントの基本としてよく紹介されるもので、計画（PLAN）→実行（DO）→評価（SEE）を繰り返すことによって、より良いものを作っていこうとするサイクルのことです。最近では、計画（PLAN）→実行（DO）→検証（CHECK）→改善（ACT）で「PDCAサイクル」というほうが一般的になっていますが、ステップが3つか4つかの違いで本質は変わりませんので、ここではシンプルに、P→D→Sの3つのステップで考えていきましょう。

2 「PLAN」では顧客の「もっと！」を引き出す

投信セールスの第一ステップ＝計画（ＰＬＡＮ）で行うべきは、**お客様のニーズ把握**。すなわち、**「誰がお客様になるのか？」「そのお客様がどんな商品を欲しがっているか？」を知る**作業です。そして最終的に、お客様の「もっと聞きたい！　もっと知りたい！」を引き出せるかどうかが鍵となります。

実はこの第一ステップこそが、預金セールスとの最大の違いです。元本保証の預金であれば、話を聞くのが嫌というお客様はまずいませんし、どんな預金が欲しいかと聞けば「少しでも高い利率の預金」で間違いなく全員一致です。

しかし、価格変動を伴う投資信託の場合は、話を聞くのも嫌というお客様もいらっしゃいます。また、どんな投資信託が欲しいかという点についても、本来は一人ひとり異なります。お客様にとっての夢や不安が一人ひとり違うからです。したがって投信セールスでは、預金セールスのときとは違う行動でお客様にアプローチする必要があります。

すべての人がお客様にはならない

まず、「誰がお客様になるのか?」ですが、初めに最も重要なメッセージをお伝えしたいと思います。それは「**投資信託はすべての人がお客様にはならない**」ということです。よく現場の販売員の方から、「投資信託というだけで、お客様がなかなか話を聞いてくれない」「リスク商品は嫌だと言われてしまう」という切実な悩みを聞くことがありますが、それが当然なのです。それでいいのです。

すでにご説明してきたとおり、投資信託は従来慣れ親しんできた預金とは全く異なる性格を持つ金融商品であり、お客様が気軽に買える商品ではないからです。また「乗合船」の考え方をどうしても受け入れられない人は、無理に買ってはいけない商品でもあります。もともと、定期預金を成約するようなスピードで売れるものではないのです。

しかし、リスクを取ってでも資産を殖やす、あるいはリスクを取ることで資産を守ることとは、程度の差こそあれ、今や多くのお客様に必須になっています。そしてこの問題を解決するツールとして、投資信託が非常に便利で有効であることも間違いありません。

では、「誰がお客様になるのか?」を知るにはどうしたらよいのでしょうか?

昔、何かの本でこんな言葉を読んだことがあります——「**何事も、成功の秘訣はＡＢＣの法則を実践すること**」。ＡＢＣというのが、「Ａ＝当たり前のことを、Ｂ＝ばかにしないで、Ｃ＝ちゃんとやる」という意味だと知り、とても感心したことを覚えています。

お客様を見つけるプロセスにおいても、おそらく手っ取り早い方法はありません。ＡＢＣの法則を地道に実践していくことが、結局一番の早道になります。

この場合の「Ａ＝当たり前のこと」とは、「あなたの問題解決の手段として、投資信託が必要なのです」と言うセリフを、いつも話を聞いてくれる得意先の「あなた」にだけでなく、とにかくたくさんの「あなた」に問いかけること！　時間はかかるかもしれませんが、それを続けていくことで、実現できる取引の可能性を増やしていくしかないのです。

日本の個人金融資産約１５００兆円のうち、今も半分以上が預貯金に眠る中、契約型公募投資信託の総額はわずか60兆円程度に過ぎません。比率にしたらたった４％。まだまだ、皆さんのまわりに、たくさんの「あなた」がいるはずです。

「断られても当たり前！」とある意味割り切って、その代わり、あえてお客様にリスク商品をお勧めする根拠と勇気をしっかり持って、一人でも多くのお客様に話しかけてみてください。もし、10人に１人でも乗合船の乗り場までいざなうことができたなら、それはすごいことなのです。

身の丈診断と持ち物診断

次に、「お客様がどんな商品を欲しがっているのか？」を知るためには、何よりもお客様の声に耳を傾けることが必要です。なぜなら、誰もが「お金を殖やしたい」という欲求

は持っているのですが、それは往々にして漠然としていることが多いからです。

したがって、「何か冷たいものが飲みたい」ではなく「スポーツドリンクが飲みたい」というように、たいていのお客様が持つ「できるだけお金を殖やしたい」という漠然とした欲求を「〇〇のために、いつまでに、いくらくらい殖やしたい」という具体的な要望に転換させていく作業がとても重要になります。

そのためには無理に誘導をするのではなく、**「なぜ運用を行うのか」「いつまでにいくら必要か」「どの程度の収益を目指したいのか」「どの程度の損失まで耐えられるか」**などについて質問を投げかけ、**投資の目的とゴールをお客様にイメージしてもらう**こと、投資の目標を明確化し、お客様と共有することがとても大切です。

このとき、ぜひ行っていただきたいのが、「お客様診断」です。私は研修などで、投信未保有のお客様への診断を「**身の丈診断**」、投信既保有のお客様への診断を「**持ち物診断**」と名づけてご紹介しています。

「身の丈診断」とは、身の丈に合わない無理な投資になっていないかを確認するということです。

資産運用は自分の夢や不安を解決するために行うのが基本ではありますが、あまりに壮大な夢を叶えようと無理な利回りを狙えば、自分が耐えられる以上のリスクを取らなくてはなりません。場合によっては、夢の修正も必要です。

一方、「持ち物診断」とは、すでに保有している投資信託の棚卸しをして中身を確認するということです。

単に勧められたとか、隣の奥さんが儲かったと聞いたからといった理由で、あれもこれもと持ち物を増やしてしまったというお客様に、実際よくお会いします。しかしこのような「**偶然の分散**」では、全体の目標を達成するための相性の良い組み合わせになっているとは限りません。お客様の今の資産構成にはこんな問題点があり、夢を叶えるためにはこんな対策が有効になるというアドバイスができれば、お客様からの信頼度も間違いなくアップします。

3 「DO」では顧客の「なぜ?」を引き出す

第一ステップのPLANでお客様のニーズ喚起がしっかりできていれば、お客様はすでに「そんな問題があるなら何とかしなくては…」という気持ちになっているはずです。この気持ちが高まっているうちに、お客様のニーズに沿った**商品提案**を行う必要があります。これが、投信セールスの第二ステップ＝実行（DO）です。

具体的には、**「PLANで上がった問題点の解決法を商品の特性を紹介しながら提案する」「お客様の質問に対応し、クロージングを行う」**という作業が必要になります。この2つの作業に共通するポイントは、お客様の「なぜ?」を引き出し、関心を持たせることです。

売るのではなく、買ってもらう

いよいよDOの段階に入ると、「何とか売りたい」という焦りが急速に増してくるものです。即座に自分が売りたい商品のパンフレットを取り出し、「このファンドのポイントは…」と早口でまくしたててしまう…販売の現場ではよくある光景だと思います。いくら熱心でも、こうした状況では、お客様には「売り込み」にしか聞こえなくなります。

大切なのは、「売ろう」とすることではなく、「買おう」と思ってもらうことです。「売ろう」とした場合は、どうしても販売員の説明が主になり、お客様は受身になります。受身である以上、自ら進んで判断することができず、購入に躊躇してしまいます。特に投資信託は、手でさわることも音を聞くこともできない商品であり、しかも買う瞬間に将来の結果を知ることもできませんから、自分にとって本当に必要だと思えるまでは、なかなか行動には移せません。

では、どうしたらお客様に「買おう」と思ってもらえるのでしょうか？

これも手っ取り早い方法はないのですが、ここで役立つのがＰＬＡＮの段階で入手したお客様からの情報です。お客様の夢や不安は何だったかに立ち戻り、その問題を解決するためにこの商品が役に立つのではないか、というように、**お客様のニーズに紐づけて商品説明を行う**のが効果的です。

例えば、海外の資源国の債券に投資する毎月分配型ファンドをご提案する場合を考えてみましょう。「年金だけでは月々不足するので不安だ」というお客様には、パンフレットの冒頭から説明を始めるより、「毎月分配」という仕組みから説明をしたほうが興味を持ってもらえるでしょうし、「電気代も上がったし、これから消費税も上がるとなったら心配だわ」というお客様には、「資源のない日本にいるからこそ、資源高の恩恵を享受できる資源国に投資する意味がある」というコンセプトを強調したほうが納得感が増すでしょう。

ただし、お客様の夢や不安は1つとは限りません。一方、1つでお客様のすべてのニーズを満たす完璧な金融商品も存在しません。

したがって、一番に解決したいこと、解決すべきことは何か、お客様に「優先順位をつけることの大切さ」を知っていただくことも必要でしょう。そのうえで、**複数の選択肢を提示**し、それぞれの商品がお客様にどんなメリット（よいこと、便利なことなど）をもたらすのか、どんなデメリット（お金を払うこと、時間を使うことなど）があるのかを、しっかり整理して示すことになります。

いずれにしても、お客様の関心を引き出すためにはまず、「**○○様にとって〝なぜ〟このファンドなのか**」を訴えかけることです。商品提案時に知っておくべき具体的なポイントについては、第3章以降を参考にしてみてください。

質問によって、お客様に「話してもらう」

お客様への商品説明が終わり、お客様の納得感をスムーズに引き出すことができれば、いよいよどの商品を購入するか決定し、契約へという「クロージング」に進むわけですが、ことはそう簡単ではありません。

いざ話を切り出すと、「いいとは思うんだけどね…」「ちょっと考えてみるわ」と渋られ

てしまうのがほとんどです。こう言われてしまうと、途端にクロージングが怖くなってしまうものですが、ここであきらめてしまってはこれまでの苦労が水の泡です。

お客様の本当の気持ちを確認するには、聞いてみるしかありません。

「ここまでのところは、いかがですか？」

「何かご不安な点はありませんか？」

これは、私がこれまでにお会いした多くのトップセールスの方が、お客様との会話の中でよく使っていた二大キーフレーズです。

人は、自分自身の声を発して出した言葉に納得するものだと言われています。確かにこれらのキーフレーズを投げかければ、お客様は「これはなぜ○○なんでしたっけ？」と聞きやすくなりますし、お客様に話してもらうことによって、ここまでの理解度を確認することもできますよね。

4 「SEE」では顧客の「なるほど!」を引き出す

第二ステップのDOまでいけば、ほっと一安心と言いたいところですが、投信セールスにおいては、次の第三ステップ＝SEE（評価）が最も重要と言っても過言ではありません。これがいわゆる**アフターフォロー**です。

アフターフォローでは、**「商品の現状と今後の見通しを報告する」「運用状況、お客様のライフプランの状況などを踏まえて、メンテナンスを行う」**という作業をタイミングよく行わなくてはなりません。

預金は預けていただいたときが「ゴール」ですが、投資信託は購入していただいたときが「スタート」です。いかにお客様の「なるほど！」を引き出し、不安心理を和らげることができるかが勝負といえます。

ディーラーでも占い師でもない

「商品の現状と今後の見通しを報告する」という作業において、多くの販売員の方が「難しい」と頭を悩ませるのが「今後の見通し」です。

先日、某銀行の研修で「今後の見通しを伝えるのはなぜ難しいのか」をお聞きしたところ、ある女性販売員の方から次のような答えが返ってきました。

「〝これから円安になると思います〟と言ってお勧めしちゃったのに、円高が進んでしまって。怖くなってしまいました。相場なんて難しくて当てられないです」

そこで私はすかさずこう言いました。

「もしかして○○さんは、〝私はこう思う〟という個人的な思いを伝えようとしていませんか？」

うつむきかげんの彼女が浮かべた、きょとんとした表情が忘れられません。

「おわりに」で詳しく書かせていただきましたが、私は以前、銀行で為替ディーラーの仕事をしていたことがあります。為替ディーラーというのは、短時間の間にいくらになるかという「値段（プライス）」を当てることを求められる仕事です。「今日はアメリカで○○が発表されますから、この後ドル円レートは１ドル＝○○円まで下がると思います」といった具合です。

しかし、1回や2回ならともかく、相場を当て続けるというのは至難の業。ディーリングルームという特殊な場所で、圧倒的な情報量や分析力を持つプロでも、勝率５割で天才と言われる世界なのです。

こう考えると、違いが分かってスッキリしませんか？　皆さんがお客様にご提案する投資信託は、時間を味方につけた「投資」のための道具です。皆さんは、ディーラーでもなければ、運用をつかさどるファンドマネージャーでもありません。まして占い師でもありません！

つまり、皆さんがやるべきことは、相場を当てることではないのです。もちろん、プロの販売員として、経済知識を積み、相場を語る力をつけることは大切なことですし、自分なりの相場観も持っていたほうが良いでしょう。しかしそれが当たる保証はどこにもありません。もし自分の相場観を直接の根拠としてお客様を行動させてしまったら、下がったときには説明がつかなくなり、トラブルにもなりかねません。

皆さんがやるべきことは、専門家による客観的な資料（運用会社作成の月次レポートや社内作成のマーケットレポート、新聞記事など）を活用して、**お客様が自分で投資判断をするための材料・情報を分かりやすく届ける**ことなのです。

泣いても笑っても行動の選択肢は3つ！

アフターフォローというと、現状と今後の見通しをどう説明するかだけで頭がいっぱいになってしまいがちですが、もう1つ、とても大切なことがあります。それは「メンテナンスの実行」です。

運用環境のみならず、お客様の事情が変わっていないか、投資目標に変更はないかを確認したうえで、状況の変化に応じてお客様に「行動」を起こしてもらうことが重要です。いくら事実が認識できたとしても、「行動」がなければ結果は生まれません。

お客様がとれる投資行動は、投資金額が大きい方も少ない方も、泣いても笑っても、大きく3つしかありません。

そのファンドを**①買うか（BUY）**、**②売るか（SELL）**、**③持ち続けるか（HOLD）**です。

実際には、保有しているファンドの基準価額が下落している場合、③を選択するお客様が多いようです。おそらく、損失が出ているものをさらに買い増しすること（①）にも、損切りをして実損を確定すること（②）にも、心理的抵抗が働くからでしょう。

しかし、そのまま持ち続ける（③）という行動にデメリットが一切ないわけではありません。買い増しして平均購入単価を下げていれば、その後相場が反転上昇した場合に損失を早く取り戻せたでしょうし、損切りしていれば、その資金を違うファンドに振り向けて損失をカバーできていたかもしれない。実は、何らかの判断をしていれば実現できたかもしれない投資機会（チャンス）を、知らず知らずのうちに失っていることになるからです。

したがって皆さんはまず、「①②③のどの選択肢を選んでも、それぞれメリットと同時にデメリットがある」ということを、お客様にしっかり認識してもらわなければなりません。

考えてみれば当たり前のことのような気がしますが、「どうしたらいいか分からない」と迷ってしまっているお客様や、下落による焦りや不安から感情的になってしまっているお客様というのは、この当たり前のこと自体が整理できなくなってしまっているものです。3つの選択肢のメリット・デメリットを整理してあげるだけで、お客様にとっては十分投資判断に役立つ情報になります。

そのうえで次に、皆さんから「そのお客様にとってどの選択肢がより効果的か」を意識した提案を行ってみてください。

難しく考えなくて大丈夫です。お客様が意思決定をしやすいように情報を整理し、PLANで共有した「お客様自身の本来の投資目的とゴール」に立ち返って考えたときに、「3つの行動のうちどの行動をとっていただくことが、お客様の納得や利益につながるのか」を一緒に考えていけばよいのです。皆さんの提案が、お客様の行動を促します。

大切なことは、**買うことにも、売ることにも、持ち続けることにも、意味を持ってもらう**ということです。「元に戻るまで祈るような気持ちで〝何となく〟持ち続ける」のと、「メリット・デメリットをしっかり認識したうえで、〝自ら能動的に〟持ち続けるという行動を選択する」のでは、お客様の覚悟も、その後の投資に対する考え方も全く違ってきます。

5 セールスは循環する

さて、ここまで投信セールスの流れを「ＰＤＳサイクル」にあてはめ、お客様のニーズ把握→商品提案→アフターフォローという場面ごとに、皆さんにあらかじめ知っておいてほしいことをまとめてきました。

ここで、鋭い方はもうお気づきでしょうか？

お客様のニーズ把握も、商品提案も、アフターフォローも、それぞれの場面は単独で存在するわけではありません。前の場面の行動が次の場面の行動につながり、くるくると回っていく……このサイクルを回し続けることで結果が生まれるのです。

「フォローは商品提案時から始まる」――これは昔、同僚から教えてもらった言葉なのですが、**「投信セールスの場面はつながっている」**ということを端的に表す言葉として、私自身いつも心に留めているものです。

例えば、商品提案時のリスク説明を、「このファンドには〇〇リスクがあります」という紋切り型のセリフで終わらせるのではなく、「このファンドの基準価額にはどのような変動要因があるのか、それはどのような条件のときにどう動くのか」という説明にしておけば、あとでアフターフォローをするのが非常に楽になります。

「商品提案の際にご説明させていただいたとおり、今回の条件により○○が下落し…」と紐付けることができるため、お客様の中に「確かに、そういう説明を受けていた」という納得感が沸き、「聞く耳」を持ってもらえるからです。

アフターフォローの場面になって突然、「最初にきちんと説明しておけばよかった」と悔やんでも、もう間に合いません。商品提案時にすでに、アフターフォローを意識した説明をしておくことが、成功の秘訣です。

また、アフターフォロー時に提示する今後の3つの選択肢は、お客様がどの行動を選んだとしても、すべてが次のセールスのチャンスになります。

BUYならば追加買いが発生しますし、SELLならば現金化された資金で次のファンドを購入いただく提案ができます。HOLDの場合は何も変化が起こらないような気がするかもしれませんが、実は分散投資の観点から複数のファンドをお持ちいただくといった提案も可能なのです。

結果はワンサイクルで出るとは限りません。しっかりニーズ把握をして商品提案をし、無事ご購入いただいた矢先に、相場が急落すれば心も折れます。しかし、繰り返し繰り返

し、時間と手間をかけてサイクルを回し続ければ、お客様の満足度は必ず上がり、信頼につながります。お客様もその口座を大事にしようという気持ちになり、預かり資産の残高も維持されます。結果として、会社収益への貢献になります。

ですからぜひ、このサイクルを1回であきらめないでください。「**お客様の資産運用のお役に立つ**」という強い信念を持って、お客様と一緒に考え、実行し、サイクルを回し続けてほしいと思います。

6 投信セールスで特に意識しておきたいルール

最後に、投資信託セールスにおける留意点として、コンプライアンス（法令遵守）について確認しておきましょう。

投資信託販売には様々なルールがあります。日々の業務は、各販売会社がそれぞれに定めた社内ルールに従って運営されていますが、その根拠となっているのが、「**金融商品取引法（金商法）**」と「**金融商品の販売等に関する法律（金融商品販売法）**」という2つの法律です。

金商法は幅広い金融商品についての投資家保護のための横断的なルールを、金融商品販売法は金融商品の販売における勧誘行為と説明についての実務的なルールを定めており、車の両輪とも言えます。旧法以上に拡充・強化された内容で、2007年9月に施行されて以降、販売の現場からは「手続きが煩雑になった」という声が多く聞かれるようになりました。

もちろん、細かい点を言い出したらキリがありませんが、投信セールスにおいて「顧客本位の営業姿勢」を徹底するための肝になるポイントは、2つに集約されるのではないかと思っています。逆に言えば、その２つのポイントをしっかりと果たすために、手続きが煩雑になったと言ってもいいでしょう。

ルルからベンザへ⁉

１つめのポイントは「**適合性の原則**」です。これは金融商品取引法40条に定められているルールで、「金融商品取引業者は顧客の知識、経験、財産の状況、投資目的に照らして不適当と認められる勧誘を行ってはならない」というものです。

実は、この「適合性の原則」の判断基準は、従来は顧客の「**知識**」「**経験**」「**財産の状況**」の３要素でした。しかし２００７年の改正で「**投資目的**」が追加され、４要素になったという点に注目していただきたいと思います。

例えば、日本経済新聞を毎日読むなど一定の経済知識があり、過去に株式の取引を行った経験もあり、多額の金融資産を保有しているといったお客様ならば、以前は迷いなくリスクの高い商品をお勧めできました。しかし今は、いくら知識・経験・財産力があっても、リスクの高い商品がそのお客様の投資目的や意向に合わない場合はお勧めしてはいけない、ということになります。

つまり適合性の判断においては、お客様の投資目的は何か、その目的を達成するための手段としてどんな商品が適切かを、顧客の属性に照らして総合的に見極めることが、法律上明確に求められるようになったのです。

私はこれを**「ルル型営業からベンザ型営業への転換」**と呼んでいます。

「ルル」（第一三共ヘルスケア株式会社）「ベンザ」（武田薬品工業株式会社）といえば、ご存知のとおり、お馴染みの「風邪薬」のブランド名です。「なぜ風邪薬？」と思うかもしれませんが、もちろんここでどちらが良い薬かを論じたいわけではありません。ポイントは、TVのCMから流れてくるそれぞれのキャッチフレーズにあります。

ルルのCMコピーといえば、古くからコレですよね。

――「熱・のど・鼻にルルが効く！」

「家族みんなにルルが効く！」

では、ベンザのCMコピーは頭に浮かびますか？

――「あなたの風邪はどこから？　熱からくる人は青のベンザ。

あなたの風邪に狙いを決めて、ベンザブロック！」

風邪の症状の出方には、主に、発熱系、のど系、鼻系の３タイプがあると言われていま す。ルルの場合は、その３つのどの症状にもトータルで効く、だからこそ誰にでも効くと いう点が強調されているのに対し、ベンザの場合は、３つのどの症状かによって効く成分が違う、だから３つの症状に合わせて黄・銀・青の３タイプから選んでほしい、と訴えています ね。

適合性の原則の判断基準に「投資目的」が追加されたということは、まさにこのベンザのような訴えかけが重要になったということを意味します。

皆さんは、お客様の夢や不安といった問題点を解決するためのいわば薬として、投資信託を提案したり販売したりするわけです。お客様の症状は様々であり、１つですべての症状に効く金融商品が存在しない以上、一律におすすめはこの商品！ というわけにはいきません。あくまでもお客様一人ひとりの症状に〝狙いを決めて〟、適したものを勧めなくてはならないのです。

銀行での投信窓販が解禁されてから、来年で15年目。商品の品揃えも格段に増え、投資家のニーズも多様化してきました。

お客様が本当に知りたがっているのは「自分には何色の薬が効くのか」ということ。ベンザのキャッチフレーズを頭に入れておけば、ほら、もう忘れないはずです。

「説明義務」を判定する唯一のチェックポイントは…？

2つめのポイントは「**説明義務**」です。これは、「金融商品販売業者が金融商品を販売する際には、顧客に対して、その金融商品の仕組みや取引方法、リスク等を十分説明する義務があり、その義務を怠った場合は損害賠償責任を負わなければならない」というものですが、中でも皆さんにぜひ押さえていただきたい点は次の部分です。

「重要事項の説明は、顧客の知識、経験、財産の状況及び当該金融商品の販売に係る契約を締結する目的に照らして、当該**顧客に理解されるために必要な方法及び程度**によるものでなければならない（金融商品販売法3条2項）。」

この「顧客が理解できる方法及び程度による説明」というのがクセモノです。というのも、お客様ごとに理解の程度や能力はまちまちであり、実際にはどこまで説明すればよいのか、非常に難しい面があるからです。

時々、販売員の方から、「リスク説明はどこまですれば正解ですか？」と聞かれることがありますが、私はいつもこんなふうにお答えしています。

「どこまで説明したら正解という基準はありません。説明すべき範囲や程度は、お客様の知識・経験によって大きく異なるからです。ただ、正解かどうかを判断するチェックポイントは1つだけあります」

唯一のチェックポイント…それは「**お客様が理解したかどうか**」です。

投資判断は最終的に投資者であるお客様自身が下さなければなりません。「投資は自己責任」という基本原則は、お客様の十分な理解があって初めて実現します。

皆さんは、「○○リスクとは×××というリスクです」と、パンフレットを読み上げたことに満足するのではなく、その説明でお客様が商品のリスクを具体的に理解できたかどうかに最大の注意を払わなくてはならないのです。

お客様に理解していただくためには、お客様に合わせた説明を行うしかありません。投資経験が豊富なお客様に販売する場合と、初心者のお客様に販売する場合とで、説明内容や方法を一律とする必要はありませんから、まずは初心者のお客様にどのように説明するか、ベーシックなパターンを自分なりに確立すると良いでしょう。そのうえで、お客様の状況に合わせて、説明の足し引きができるようになればベストです。

皆さんの仕事は、相手の知識レベルや理解度を測りながら説明するという、相当に高いスキルを要求される仕事です。しかしだからこそやりがいのある、何より自分がレベルアップできる仕事だということを、忘れないでほしいと思っています。

Column

「買い時」「売り時」はどう考えたらいいの？

以前、販売員の方へのアンケートで「日頃の業務における悩みは何ですか？」とお聞きしたところ、非常に多かった回答が次のようなものでした。

「どのお客様にも〝今は買い時か？〟と聞かれるのですが、何と答えればいいのか…」

「お客様に〝売り時を教えてほしい〟と言われるので、困っています」

買い時・売り時の見極めは、多くの方が頭を悩ませているところだと思います。

もちろん、相場は日々動いていますから、今日買うか、1カ月後に買うかというタイミングによって必ず差が生じます。今日よりも1カ月後のほうが安くなるのであれば、1カ月待ってから買ったほうがいいでしょう。

ただしそれが「確実に」できるのは「未来を見てきた人」だけです。むしろ人間の心理として、上がってくると強気になり、下がってくると不安になって、結果的に高値で買って安値で売ることになりかねません。

「いや、それが分かるのがプロだろう！」というご意見を頂戴することもあります。「近いうちに日経平均株価は〇〇〇〇円を超える」「来年には1ドル＝〇〇円になる」「チャートでこのサインが出たから買いである」…確かに相場のプロと呼ばれる人たちは、過去何が起こったか、今何が起こっているかについて詳しく知っていますから、個人投資家に比べれば、未来に起こることの予測の確率を上げることはできるでしょう。しかし、決して未来を見てきたわけではありません。

テレビドラマのように、タイムスリップして「未来を見てきた人」がいない以上、あらかじめ「買い時・売り時」が分かる人は誰一人いないのです。そのことをまず受け入れるのが、投資の大前提です。

今が買い時か、売り時か、事後的にしか分からないのであれば、今を買い時にする、あるいは売り時にする努力をしたほうが賢明です。少なくとも最終的な投資成果がプラスになっていれば、お客様も、「買った時点」を「買い時」、「売った時点」を「売り時」と納得することができそうですよね。

「最終的な投資の成果」＝「①「売却時の基準価額」×「②売却時の口数」

式を見て分かるとおり、投資信託の場合、最終的な投資の成果を大きくするためには、①を高くするか、②を増やすかしかありません。つまり、「価額」に変化を起こすか、「量」に変化を起こすか、です。

通常、投資といえば「安く買って高く売る」ことが真っ先に頭に浮かぶため、

「価額」にばかり意識が集中してしまいがちですが、実は、「量」に注目して保有口数を増やすというのも非常に有効です。

それを手軽に効率的に実現できるのが、一定金額（等金額）を長期にわたって継続投資していく「ドルコスト平均法」と呼ばれる手法です。

この手法のポイントは「等金額投資」と「買う時期の分散」の組み合わせ。値段の変動のあるものを同じ金額ずつ買っていくと、高い時には少ない口数しか買えませんが、安い時には多くの口数を買い込めます。一括購入をした場合は、最初に購入した口数から増減することはありませんが、この手法なら保有口数はじわじわ増えます。短期的にアップダウンしながらも、長期的に成長が期待できるという前提が崩れていないのであれば、続けることで「安い時に口数を買い込む効果」が働き、②を増やすチャンスも広がるのです。自動積立のように、定時定額で購入するプランを利用すれば簡単に実行できます。

そのうえで、最後の売却時に①の大暴落で利益を取り逃がすというリスクを減らすためには、「売る時期の分散」も大切です。例えば目標金額を設定しておき、それを達成した時点で売却する方法や、定期的に必要な金額を取り崩していく方法、投資先の状況変化や自分が取れるリスク量の変化などに応じて資産配分を見直していく方法などが考えられます。

どんな相場も必ず上昇と下落を繰り返します。万能な投資法はありません。したがって、投資における真の課題とは、安く買って高く売ることよりも、収益増大に結びつくようにリスクをとり、それをうまくコントロールすること。お客様の投資目的や投資の時間軸に合わせて、「商品」だけでなく「投資との上手な向き合い方」も提案してみてください。

マンガで分かる！「納得感のある説明・提案」へのヒント

このファンドは海外の株式に投資していますよね
ですから 為替の要因と株式の要因に分けて考えると分かりやすくなります

第3章

1 「投資信託を選ぶ意味」をどのように説明していますか？

少し余裕資金ができたので運用をしてみたいと思っているんだ
投資信託に興味があるんだけど 何か良い商品はあるかね？
投資信託とひと口に言っても様々な種類がございます 菊池様はどういった運用をお望みですか？
どういったと言われても…プロに任せるから安心だろう？
プロが運用するから損をしないというわけではございません
だからこそ菊池様の投資の目的に合った運用を菊池様の代わりにしてくれる投資信託が良い投資信託だとお考えください
投資の目的かぁ…
実はこの間定年退職してねこれからのためにお金をできるだけ長持ちさせなくてはとは思ってるけど…
そうなりますと
今ある資産をインフレから守り 減らさないことを主目的にする投資が必要と考えられますね
たとえば投資信託には定期的にご自身の運用資産を取り崩して使いながら殖やしていくことを目指すタイプもあるんですよ
ほう
それは便利だし私の目的にぴったりかもしれないね！

「お客様は説得されたいのではなく、納得したい」――これは私がいつも肝に銘じている言葉です。

投資信託に向き合うお客様の多くが、今般の金融危機を経て改めて資産運用の難しさを知り、これまで以上に「投資における納得感」を求めているように感じます。

そこで本章では、投信販売に携わる皆さんが、お客様にとってより納得感のある説明・提案を行うためのヒントを考えていきたいと思います。あくまで個人的な1つの見方でしかありませんが、少しでも日々の活動の参考にしていただければ幸いです。

まず最初に、思いきり原点に立ち返ったテーマから始めることにしましょう。

メリットは「少ない資金」「分散投資」「プロが運用」

数多くある金融商品の中で、そもそも「投資信託を選んでもらう意味」とは何でしょうか？

もしかすると皆さんは、この問いかけに対する答えを、普段はあまり意識していないかもしれません。なぜなら販売の現場では、現実問題として、限られた自行庫ラインナップの中の「商品」で提案せざるを得ないからです。

しかし、残念ながら「商品ありき」で選択したお客様は、短期的に「儲かったか」「損したか」だけにとらわれてしまいがちになるため、相場急変時には耐えられなくなってしまいます。長い資産運用の道のりを迷いなく歩いていただくためにも、お客様の中で「なるほど、だから投資信託なのか！」と腑に落ちていることはとても重要です。

具体的な説明方法として、まず真っ先に思い浮かぶのは、投資信託そのものの魅力をお伝えするやり方です。

投資信託の代表的なメリットは一般に、①少ない資金で、②分散投資ができ、③プロに運用を任せられる、という3点にまとめられます。つまり、投資家は1つのファンドを購入することによって、いくつもの株式や債券を少しずつ買うのと同じ効果を得られるのです。

通常、これを個人で行うのは容易ではありません。ある程度まとまった資金が必要になりますし、仮に十分な資金があったとしても、様々な情報を収集・分析して銘柄を選別し、実際の売買を行うという多大な労力が必要になるからです。また新興国のように、そもそも個人ではアクセスしにくいという市場もあります。何かと忙しい一般投資家の資産運用の手段としては、格段に手間のかからない効率的な投資商品だと説明できます。

あえて「デメリット」に着目してみると…

ここでもう一歩進めて、さらに2つの切り口から考えてみましょう。

1つ目は「**投資信託のデメリット**」に着目する切り口です。人間の長所が裏を返せば短所にも感じられるのと同様、メリットがデメリットに感じられるお客様もいるはずだという発想で捉えてみるのです。

複数の銘柄に分散投資する投資信託は、単一銘柄に集中投資する株式投資に比べて、値下がりの可能性を小さくする工夫が施されている代わりに、値上がりの可能性も単独の株ほど大きくはありません。しかも販売手数料や信託報酬などのコストがかかりますから、もともと短期売買では利益を得にくい側面を持っていることになります。

さらに言えば、様々な資産や銘柄をまとめて持つということは、それだけ多くの価格変動要素をまとめて持つことに他なりません。おまけに運用の途中で保有銘柄が入れ替わったりもします。個別株のようにプライス（値段）を予想して売り買いをするのには、そもそも向かない商品ともいえるのです。

一方で、投資信託は長期保有が絶対というわけではありません。投信とひと口に言っても、期間限定型やテーマ型ファンドなど、短期志向で開発されるものもあります。

結局、各々のお客様の投資スタイルや投資を行う目的によって、「投資信託を選ぶ意味」を何で感じるかも変わってくるわけです。

「生み出す効果」を話すことで価値がより鮮明に伝わる

次に、２つ目の切り口として、「**投資信託が生み出す効果**」に着目してみましょう。

以前、通販番組で有名な「ジャパネットたかた」の高田社長のインタビュー記事を読んだことがあります。高田社長は、通常は会議の録音などに使うＩＣレコーダーが、小さなお子様を持つお母様方に爆発的に売れた理由についてこう話していました。

「機能や操作方法の説明は最小限にして、『何時に帰るよ』とか『冷蔵庫にケーキが入っているよ』など、お子様への伝言を残したいときに使ってみてはいかがですか、と強調したのです」

もちろん、ICレコーダーと価格変動のある金融商品を同じように扱うことはできませんが、「モノそのもの」ではなく「モノが生み出す効果」を話すことで商品の価値がより鮮明に伝わり、お客様が心を開くというプロセスは、共通しているのではないかと思います。投資信託の場合も、それを購入することで、（預金と違って、あるいは個別の株式投資と違って）お客様のこれまでのどんな不満や不安が解消され、どんな良さが期待できるのかを具体的にイメージしてもらうという方法は有効です。

例えば、自分自身の収入を元手に将来に向けてコツコツ増やしていく資産形成世代の場合、投資信託には「長期・分散・積立」という大切な3要素が揃っているという点を大きくアピールできます。一方、準備したお金をいかに使いながら長持ちさせるかがテーマとなる資産活用世代には、「定期分配」の仕組みを正しく理解してもらうことによって、投資信託を活用すれば自動的に運用資産を取り崩していく機能を持てるという点がアピールポイントになるでしょう。

このように2つの切り口から眺めてみることで、お客様に「投資信託を選ぶ意味」を真に感じていただくためには、まずお客様自身に「投資目的」をしっかりイメージしてもらうことが不可欠だと、お気づきいただけたのではないでしょうか。

「お客様はどんなライフプランを思い描いているのか、そこに問題点はあるのかないのか、あるとすればそれを解決するためにどんな資産運用が必要か、そのために投資信託という手段が有効なのではないか」

この流れを意識して説明すれば、お客様の理解もより深まるに違いありません。

ここがポイント

▼逆もまた真なり
～あえて投資信託のデメリットを考えてみることで、メリットがあてはまるお客様を明確化する

▼投資信託そのものではなく、投資信託が生み出す効果に着目する

2 「お客様のニーズを引き出す」ために どのような工夫をしていますか?

将来のマネープランですか?
正直 あまり考えたことないですね
まだピンとこないですし
ただ 少子高齢化は確実に進むし年金や社会保障のことは不安ね
その通りですね
だからこそ不安を解消して夢を実現していくための資産運用が必要なんです
ウ~ん
でも どうすれば儲かるのか分からないからなあ…
資産運用において私たちのような若い世代の最大の強みは何だと思いますか
…なんでしょう?
「時間」ではないでしょうか
だからこそ 短期的に儲けようというのではなく時間を味方につけた「投資」という考え方をお持ちいただきたいと思います
具体的にはどうしたらいいのかしら?
月々一定額を長期で積み立てて 自分年金を作って公的年金の補完分とするのはいかがですか
へー そんな方法があるんですか?
はい
だから投資信託をご提案します

前項では、お客様にご自身の投資目的をしっかりイメージしていただくことが重要であるというお話をしました。

しかし実際にはこれがなかなか難しい作業です。「投資目的はなんですか？」とストレートに聞いてみたところで、お客様にピンときてもらえないことも多いでしょう。というのも、普通は誰もが「ただ漠然と」お金を殖やしたいと思っているからです。

そこで、投信セールスを担当する皆さんには、上手なニーズ喚起によって、お客様の「漠然」を「必然」に変えるという重大な役割が求められることになります。

では、皆さんは「お客様のニーズを引き出す」ためにどのような工夫をしているでしょうか？

以前、実際にこの質問を販売員の方々に投げかけてみたことがあります。そのときに出た答えは「お客様の情報を集める」「経済の勉強をする」「商品の知識を増やす」といったものでした。どれも大事なポイントですが、今回は少し角度を変えて考えてみましょう。

皆さんに、ある「３つの職業」を意識していただくという方法で、具体的な工夫の例をご紹介してみようと思います。

ニーズを掘り起こすためのストーリーをあらかじめ準備

１つ目は「**シナリオライター**」になったつもりで、お客様のニーズを掘り起こすためのストーリーをあらかじめ準備しておくことです。自分自身が心の底から納得できるストー

図表1　「出す順」に“だからトーク”で組み立てる

❶ ○○○○○○○○○○
…だから「資産運用」が必要なのです

↓

❷ ○○○○○○○○○○
…だから「投資」が必要なのです

↓

❸ ○○○○○○○○○○
…だから「投資信託」をご提案します

リーを、最初は1つでもいいからきっちり作り上げておくことをお勧めします。

もちろんお客様の状況は一人ひとり違うので、1つのストーリーをすべてのお客様にあてはめることはできません。しかし、あやふやなストーリーをいくつ用意しても、お客様の心には届かないでしょう。飾りや応用は後からいくらでもできます。

図表1では、ストーリー作りが苦手な方のために、基本パターンの一例を示してみました。昔、受験の際に、試験に「出る順」に英単語を載せた参考書にお世話になった記憶がありますが、これは自分が「出す順」でトークを組み立てていきます。

まず、①「…だからそもそも資産運用が必要である」→②「…だから（投機ではなく）投資に着目してほしい」→③「…だから投資信託という方法をご提案したい」というように、メインの筋立てを固めます。

次に、それらをスムーズにつなげるための切り口やネタを○○の部分に入れ込み、流れのある一連のストーリーに仕立てるわけです。

あとは状況に応じて「出す」だけ。①をすでに十分理解されているお客様であれば、②のトークから始めてもOKという具合に考えてみてください。

２つ目は、「**翻訳家**」になったつもりで、自分の言葉で噛み砕いて伝える訓練を続けることです。

投資信託には独特の専門用語も数多くあります。難しい言葉を簡単に言い換えたり、身近な例に置き換えたり、新聞記事等を使って具体的な数字を示したり、何度も試行錯誤を繰り返すことが「お客様に伝わる説明」への近道です。

また、常に「なぜ」を意識した説明も有効です。例えば「分散投資」を説明する際に、「値動きが違うものを組み合わせるのがいいですよ」だけではなく、なぜお客様にとってそれがいいと言えるのか、なぜ違う値動きをするのか、そのメカニズムまで説明できれば、お客様の納得感は大きく変わります。

お金に関する不安や悩みをとことん聞く

３つ目は、事前準備ではなく実際の会話の中で必要となる工夫ですが、信頼される「**医者**」になった気持ちで、まずはお客様のお金に関する不安や悩みをとことん聞いてみることです。

漠然としか考えていないように見えるお客様にも、「投資を始めるべきなのだろうか」

と考えるきっかけは必ずあります。住宅取得、子どもの教育、独立、定年後の生活、趣味の実現…等々。

難しく考えずに、「お客様にとっての将来の不安は何か」「どこで誰とどのように暮らしていきたいのか」を皆さんから投げかけてみましょう。お客様自身がそこにある問題点に気づいた時点で、それがそのまま投資目的となります。

目的がはっきりすれば、実現のために必要な金額と投資期間が自ずと決まります。どの程度リスクをとってお金を殖やすべきかを判断することができますし、「退職後の資金にあてる目的で今から運用するのだから、投資期間の目標は10年以上だ」というように運用のゴールをイメージすることも可能になるでしょう。

この一連のステップをお客様と共有しておくことはアフターフォローにも役立ちます。やがて訪れる価格変動の不安でお客様が動揺したときに、本来の目的とゴールに立ち返ってもらうことで、冷静な判断を促すことができるからです。

図表2　お客様との距離を縮める会話への工夫

まとめる

…話をまとめながら聞く

例）「ということは、○○というお考えですね」

探す

…共感ゾーンを素早く見つける

例）「実は私も○○が好きなんですよ」

肯定する

…相手の気持ちを認め、受けとめる

例）「分かります。本当に○○ですよね」

「まとめる」「さがす」「こうていする」を心掛ける

ただし、そうは言ってもお金のことはなかなか話しにくいもの。あとはプラスアルファの工夫として、お客様との距離を縮める会話運びを意識したいものです。

ちなみに私の場合は、**図表2**で示した３つのアクションを起こすよう心掛けています（「あかい、まるい、おおきい、うまい」の頭文字から名付けられた苺の「あまおう」のように、「まとめる、さがす、こうていする」の頭文字をとって、「まさこ」のコツと勝手に呼んでいるのですが…。文字にすると少々気恥ずかしいですね）。

どんな工夫をするにせよ、最初は誰かの真似からでかまいません。とにかく臆せず、たくさんのお客様と話してみてください。その中からきっと、あなたなりの方法が見えてくるはずです。

ここがポイント

▼銀行員とは異なる「3つの職業」を意識してみる
～「シナリオライター」→得意なストーリーを作っておく
～「翻訳家」→自分の言葉で噛み砕いて語りかける
～「医者」→悩みや不安を受け止め、問題点を探し処方箋を出す

3 「分散投資と長期投資の意味」をどのように説明していますか？

分散投資すれば安心だと思っていたのに
こんなに値下がりするなんて…
確かにこれだけ短期間で下落すると心配になりますよね
それでも株やリートなど1つの資産に集中していた場合と比べて分散投資はマイナスとはいえブレが抑えられていますよ
そう言われてもね…このまま長期で持てば大丈夫よね？
分散投資も長期投資も魔法ではありませんから当然リスクはありますし
何年持てば絶対損しないという答えもありません
じゃあ分散や長期なんて効果ないんじゃないの？
いえ
お客様のような老後資金の運用でこそ実は分散・長期が生きてくるのだと思うんです
えっ どういうこと？
老後の運用も25年ほどで取り崩すなら相当長期です その間できるだけお金を長持ちさせるには複利運用を効果的に行うことがポイントです
複利運用の最大の敵は下ブレ 最大の味方は時間です
ですから岡島様にとって分散・長期の組合せはとても重要なんです

「分散投資で安定した値動きが期待できます」「長期投資ならリスクを低く抑えることが期待できます」――これらは、投資信託のご提案の現場で、よく聞かれる決めゼリフです。

しかし、100年に一度とも評される金融危機で、私たちはこの決めゼリフが通用しない場面を経験することになりました。

「分散投資なら安心って言われたのに！」「長期で持てば損しないのよね？　何年持てばいいの？」――不信感を募らせたお客様の疑問に対して、皆さんはどのように答えているでしょうか？

ここで、冒頭の決めゼリフを改めて見直してみましょう。

「**①目的→②手段→③結果**」という物事の基本的な流れで考えてみれば、分散投資も長期投資も、何らかの「目的」を達成するために選択した、投資の「手段」の1つでしかありません。

ところが実際の説明では、この「①目的→②手段」の部分は忘れられがちです。むしろ「②手段→③結果」の部分、つまり、分散投資・長期投資という「手段」によって、値動きやリスクを抑えるという「結果」が期待されることだけを強調する傾向にあります。

それゆえお客様も、今般のように期待とは違った結果が起こりうることを、きちんと想定できていなかったのではないでしょうか。

そこでここでは基本に戻って、そもそも分散投資・長期投資を選ぶ「目的」を考えてみたいと思います。

〈問題〉

AファンドとBファンド、それぞれに100万円を投資しました。

5年後により殖えているのはどちらのファンドでしょうか？

Aファンド

1年目	2年目	3年目	4年目	5年目		合計
＋4％	＋4％	＋4％	＋4％	＋4％	➡	20％

Bファンド

1年目	2年目	3年目	4年目	5年目		合計
＋10％	＋20％	＋5％	▲20％	＋5％	➡	20％

合計すると同じ20％でも運用結果は…

まずは上の問題を解いてみてください。皆さんは、AファンドとBファンド、どちらを選びましたか？

ちなみに私が講師を務めるセミナーでこの問題を出してみると、ほとんどの参加者が自信たっぷりにBファンドに手を挙げます。

ところが…、正解はAファンドなのです。5年後にはAファンドが約１２２万円、Bファンドが約１１６万円になります。

Bファンドのほうが高いリターンを上げている年が多いのに、Aファンドより殖えていないのはなぜでしょうか？

２つのファンドをもう一度よく見てください。どちらも5年分を足し算すると合計20％になりますから、1年あたりの平均にすれば同じ４％のリターンです。

1年、2年と続けて運用していくと、生み出された利益の分も投資に回ってさらなる利益を生む、つまり子が子を生むので、殖えるスピードもぐんと上がります。これが「**複利効果**」であり、資産運用における最大の武器になります（かの天才物理学者アインシュタインは「人類史上最大の発見は複利である」と言ったといわれています）。

複利効果は運用期間が長ければ長いほど高まります。長期投資はまさに、この複利の力を存分に使える方法なのです。

ただし、複利効果には「下ブレ」という大敵が存在することに注意しなくてはなりません。

Bファンドは4年目に20％減と大きなマイナスを出しています。この20％減は、翌年25％増にならないと取り戻せません。つまり、一度大きなマイナスを出すと、元に戻すだけでより大きな力が必要となり、運用の効率が落ちて殖えるスピードも落ちてしまいます。

そのため、ブレの小さいAファンドのほうが複利の力を効果的に享受でき、結果としてブレの大きいBファンドに勝ったのです。

分散・長期を組み合わせ複利効果を享受する

よく考えてみると、分散投資は必ずしも良いことばかりではありません。分散投資なら確かに保有する資産が一度にすべて下落する可能性は減りますが、それは一方で、一度にすべて上昇するチャンスも減ることを意味します。

長期投資も、未来に「必ず」や「絶対」がない以上、常にプラスが約束されるものではありません。

それでも集中・短期ではなく、あえて分散・長期という「手段」を選ぶのは、資産運用の鉄則である複利パワーを最大限に発揮して、殖えるスピードを上げるという「目的」があるからです。ゆえに分散投資と長期投資は、組み合わせてこそ意味があるのです。

このように、これまで当たり前に唱えてきたセリフも、「①目的→②手段→③結果」の流れで見直してみるなど一工夫を加えれば、お客様に新たな気づきを与える説明へと変わります。あとは、お客様自身に「自分が目指す運用には長期分散が適している」という納得感を持ってもらえれば心強いかぎりです。一例として、マンガの説明方法も参考にしてみてください。

長期分散投資と「あの歌」の共通点!?

最後に、この「長期分散投資」に関わる重要なキーワードをまとめておきたいと思います。

――値動きが異なる傾向のものに分散投資して全体のブレを抑え、できるだけ「負けない」仕組みを作ったうえで、すぐに「投げ出さず」、長期投資で時間を味方にじっくり追い風を待つ。その間、心構えとして大切なことは2つ。損をしても感情的にヤケにならず、待つことの不安から「逃げ出さない」こと。今の資本主義の枠組み自体が壊れない限り、欲望のドラマは続き、世界経済は成長してプラスを生むという大前提を「信じて」長期分散投資に臨むこと――

というわけで蛇足を1つ。実は、今ご紹介した「負けない」「投げ出さない」「逃げ出さない」「信じる」という4つのキーワードをテーマにした驚きの歌があります。

以前流行した『それが大事』というタイトルの歌の出だしです。確か20年近く前になるのではないかと思いますが、今も歓送迎会などでよく選曲される歌の1つなので、ご存じの方も多いでしょう。

「負けないこと、投げ出さないこと、逃げ出さないこと、信じぬくこと、ダメになりそうな時、それが一番大事」（＊）

この歌の作者が、まさか「長期分散投資の心得」を意図して作ったわけではなかろうと思うと、人生も投資も、大切なことは共通しているのかもしれません。

ここがポイント

▼お客様の疑問や不安の声は「チャンス！」と捉え、当たり前に使ってきた説明方法をもう一度見直してみる

▼「長期分散投資」を、「目的→手段→結果」という流れで掘り下げていく

＊JASRAC出1209579―201

4 「購入者が最低限知っておくべき情報」をどのように整理していますか？

1
いただいた この資料なんだけどね
なんだか 難しくて… どうしても読まなくちゃいけないかしら
2
専門用語が多いですものね 実は私もちょっぴり苦手で…
ただ いかに読みづらくても 投資判断を行ううえで最も 重要な情報源なんですよ
3
読んでないから知らない というのは通用しない ということね
はい
まさにそれが投資における 自己責任ということですね もちろん分からないことは 遠慮なくご質問ください
4
最初から全部理解するのは 難しいので まずは最低限 知っておくべき情報から 整理していきましょう 5W1Hを意識する のがコツですよ
5W1H？ 何かしら？
5
英語の疑問詞の頭文字から とった言葉なんですが 誰が・いつ・どこで 何を・なぜ・どのように という6つの要素で情報を 整理する方法のことです
なるほど 面白いわね
6
はい
投資信託の場合も 誰が・いつ どこに・何に・何の目的で いくらで投資するファンドかを チェックするのがポイントです

２０１０年7月以降、目論見書が新しい方式に順次切り替わりました。

投資信託の目論見書（投資信託説明書）については、投資家に分かりやすくするよう、これまでも何回か改善が図られてきました。２００４年に、投資家に必ず配る「交付目論見書」と、要望に応じて配る「請求目論見書」に二分割化されたのもその１つでしたが、分厚いうえに専門用語も多く、お客様にとっては大きなハードルのままでした。

今回の改正では、交付目論見書の記載内容を極めて重要な事項のみに絞りこんでスリム化し、記載様式や順番も統一されたため、ファンド同士の比較がしやすくなりました。また、カラーや図表なども活用され、読みやすさという点では格段の進歩といえるでしょう。

しかし、いくらきれいにレイアウトされた資料でも、漫然と眺めているだけではなかなかポイントはつかめません。投信販売に携わる皆さんには、これからも変わらず、必要な情報を整理して分かりやすく伝えるスキルが求められるのです。

投資信託に「5W1H」を当てはめる

では、実際に皆さんは「投信購入者が最低限知っておくべき情報」を日頃どのように整理しているでしょうか？

情報整理といえば、欠かせないのが「**5W1H**」です。何やら中学校の英語の教科書のようですが、**Who（誰が）**、**When（いつ）**、**Where（どこで）**、**What（何を）**、**Why（なぜ）**、**How（どのように）**という6つの要素は、ニュースを正確にきち

図表1　投資信託の5W1H

		主なチェックポイント
・Who	… 誰が	➡運用会社・ファンドマネージャー
・When	… いつ	➡申込期間（単位型or追加型）、信託期間
・Where	… どこに	➡投資対象地域（国）
・What	… 何に	➡投資対象資産（アセットクラス）
・Why	… なぜ（何の目的で）	➡運用方針（ファンドの特色）・分配方針
・How much	… いくらで	➡購入時手数料（販売手数料）／運用管理費用（信託報酬）／信託財産留保額

投資するのか？

んと伝えるための基本といわれています。

そこで投資信託にもこの5W1Hを当てはめ（**図表1**参照）、最低限必要となる情報を整理してみましょう。なお、5W1HのHはHowを指すのが一般的ですが、投資信託の5W1Hでは、投資家にとって重要なコストの情報＝How Much（いくらで）に変えて考えていきます。

●Who（誰が）

●How Much（いくらで）

この2つは、投信初心者には特に丁寧に説明しておきたい項目です。投資信託の運用には「誰が」どんな役割で関わっているのか、それを「いくらで」やってくれるのか、を関連付けて考えると分かりやすくなります（**図表2**参照）。

●When（いつ）

預貯金に慣れているお客様にとっては、意外に分かりにくい項目です。真っ先に確認す

図表2　投資信託の主なコストと投資信託を支える3つの会社との関連

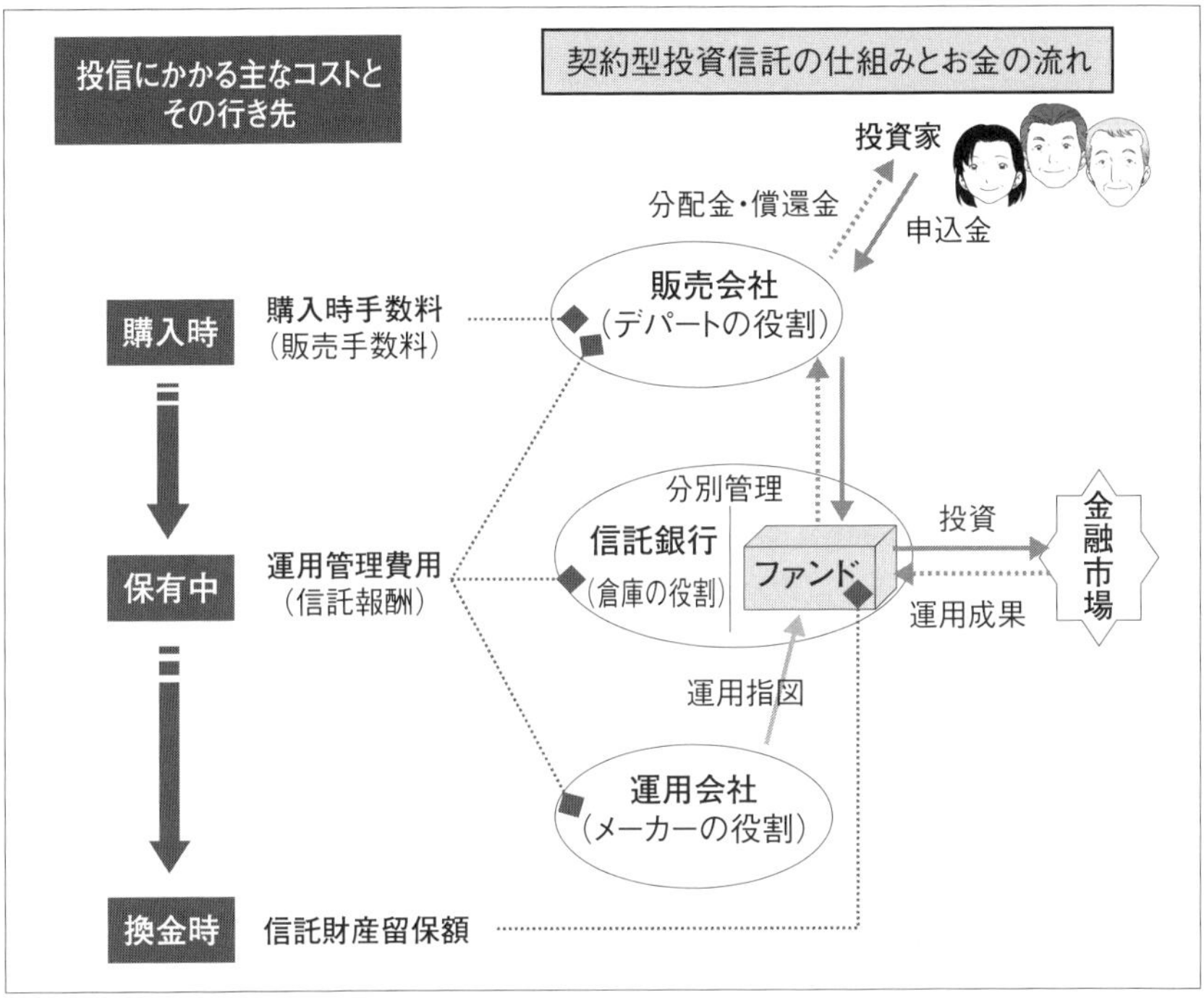

投信にかかる主なコストとその行き先
契約型投資信託の仕組みとお金の流れ
投資家
分配金・償還金
申込金
購入時
購入時手数料
（販売手数料）
販売会社
（デパートの役割）
分別管理
信託銀行
（倉庫の役割）
ファンド
投資
金融市場
運用成果
保有中
運用管理費用
（信託報酬）
運用指図
運用会社
（メーカーの役割）
換金時
信託財産留保額

べき点としては、次の2つが挙げられます。

第1は、申込期間が「いつ」か。投資信託はその購入タイミングで、追加型と単位型に分けられます（19ページ参照）。追加型投信は、たとえればどの停留所でも乗り降り可能な路線バス。誰でも、いつでも購入や解約ができます。一方、単位型投信は、目的地までの貸し切りバス。設定時にしか買えず、原則途中で解約することはできません。

第2は、信託期間が「いつ」か。単位型投信は有期限のタイプのみですが、追加型投信には有期限と無期限のタイプがあります。

長期で保有する目的だったのによく見たらあと1年で償還されてしまうファンドだった——などということがないように、事前にチェックしておくことが必要です。

●Where（どこに）

●What（何に）

この2つは、「ファンドを選ぶ際に絶対に知っておかなければならないポイント」として特に重要です。なぜなら、どの地域（日本か海外か等）の、何（株式か債券か等）に投資するかが、そのファンドの基準価額を動かす要因になり、ファンドのリスクも大きく変わってくるからです（これについては次項で詳しく取り上げます）。

「運用方針」と「分配方針」に注目

●Ｗｈｙ（なぜ、何の目的で）

投資信託と一口に言っても、運用のスタイルや考え方は様々です。自分のニーズにマッチしたファンドなのかを判定するためには、どんな目的で投資するファンドなのかを押さえておくことが必要です。ここでは特に「2つの方針」に注目してください。

1つ目が「**運用方針**」です。資料には、ファンドの目的や特色として、堅苦しい文言で書かれていることが多いのですが、キーワードのパターンを押さえると読み解くのが楽になります。

例えば、同じ株式に投資するファンドであっても、「積極的に値上がり益の獲得を目指します」という表現と、「安定的な配当収入の確保と中長期的な値上がり益の獲得を目指します」という表現では、前者のほうが株の値上がり益を追求する、より積極的な運用だと判断できます。

2つ目は「**分配方針**」です。毎月分配型ファンドが一世を風靡《ふうび》する中、分配金額の大小だけでファンドを選ぶお客様があまりに多く、時々心配になります。分配方針はあくまでファンドごとに異なるものです。実際、無分配型のファンドもあります。分配の出し方の違いは「分配対象となる範囲」の書きぶりの違いに表れています。

例えば、同じ毎月分配型のファンドであっても、「利子・配当等収益および売買益の中から…」と書かれている場合と、単に「利子・配当等収益の中から…」とだけ書かれている場合を比べると、前者のほうが毎月の分配金額が大きくなる可能性があると予想がつくわけです。

世の中に、難しいことを難しく話す人は多くいますが、難しいことを平易に説明できる人は多くありません。難しいことを少しでもやさしく説明するための工夫として、皆さんもぜひ、「情報の整理」を意識してみてください。

ここがポイント

▼膨大な情報をお客様にそのまま伝えるのではなく、ポイントを整理して説明する努力と工夫が大切

▼ニュースを正確に伝える際の基本である5W1Hを参考に「投資信託の5W1H」に着目する

5 「基準価額の算出の仕組みと変動要因」をどのように説明していますか？

このファンドは急に基準価額が下がっているね
みんな急いで解約しているからかな？
投資信託の場合
解約する方が多いから基準価額が下がるというわけではないんですよ
でも この基準価額というのは株でいう株価と同じじゃないの？
基準価額は株価のように需給関係で1日に何回も値が変わる価格ではないんです
基準価額は1日1回ファンドが保有する全資産の時価の合計を
その日のファンドの全口数で割ることによって自動的に決定される価格なんですよ
なるほど
解約が理由ではないとすると基準価額が急落している原因は何かね？
このファンドは海外の株式に投資していますよね
ですから 為替の要因と株式の要因に分けて考えると分かりやすくなります

先日、ある銀行のセミナーで講師を務めた際に、お客様からこんな質問がありました。

「このファンドは純資産総額がすごく増えているのに、基準価額がそれほど上がっていないのはなぜですか？」

よくよくお話を伺ってみると、このお客様の思考回路の中には、「純資産総額が増える」＝「そのファンドを買う人が増える」＝「基準価額が上昇する」という大前提があったと分かりました。

実は、このようなケースは少し厄介なことが多いのです。残念ながら、この前提には間違いが含まれているのですが、お客様の思い込みが激しい場合、それを解きほぐすのに時間がかかるからです。

このお客様には、「基準価額はファンドのお値段です」といった簡単な説明では足りません。少なくとも、①基準価額の算出の仕組み（基準価額はどのように決まるのか）、②基準価額の変動要因（基準価額はどんな要因で上下するのか）、という2点を正しく理解してもらうことが必須となります。

そこでこの2点のポイントを掘り下げるべく、**「基準価額を方程式で分解する」**方法をご紹介してみようと思います。

基準価額算出の仕組みは「きくじの法則」で覚える⁉

まずは1点目、「基準価額の算出の仕組み」についてです。基準価額がファンドの時価

図表1　基準価額の方程式その1（算出の仕組み）

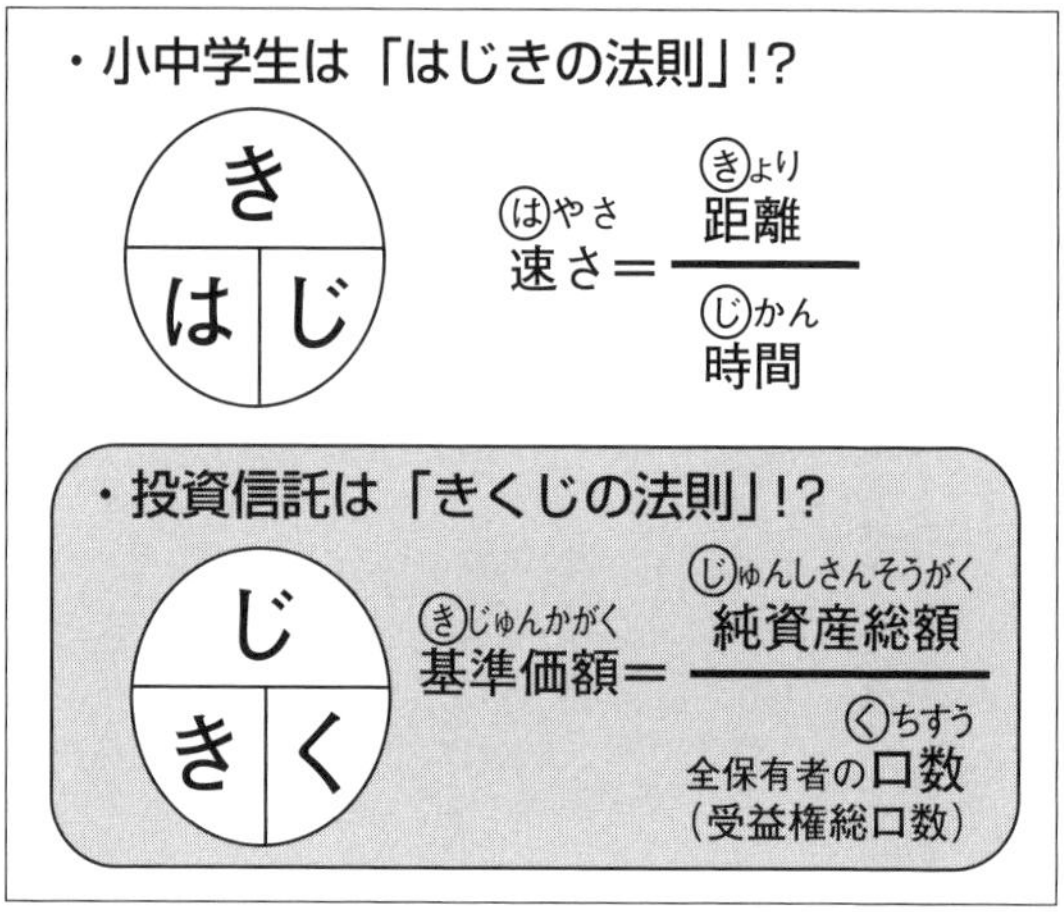
・小中学生は「はじきの法則」!?
き
は
じ
速さ《はやさ》＝距離《きょり》／時間《じかん》
・投資信託は「きくじの法則」!?
じ
き
く
基準価額《きじゅんかがく》＝純資産総額《じゅんしさんそうがく》／全保有者の口数《くちすう》（受益権総口数）

を表すとは知っていても、その計算プロセスまで改めて考えてみる機会は少ないのではないでしょうか。

図表1を見てください。皆さんは「はじきの法則」（地域によっては呼び方が違うかもしれません）をご存じでしょうか？　小中学生の頃、速度の計算でお世話になった公式です。

使い方は簡単です。○の中にTの字を書き、3つに区切り、各要素の頭文字を入れる。縦は割り算、横は掛け算。3要素のうち2要素が決まれば、残りの1要素も自動的に決まるという具合です。

基準価額の算出方法も、分数の方程式になりますので、「はじきの法則」と同じように公式化することができます。名付けて「きくじの法則」です（おじいさんの名前みたいな気もしますが…）。

そもそも、株式も債券も肉も魚も、売り手と買い手の間で取引されるものには、常に「価格」が存在します。投資信託の場合は、それを基準価額と呼びます。

ただし基準価額は、株価や債券の価格とは性質が異なり、マーケットで買い手が多いか、売り手が多いかの需給バランスによって決まるわけではありません。

公式を見れば一目瞭然です。26ページでもご説明したとおり、基準価額とは、「純資産総額」（＝そのファンドに組み入れられている資産の時価を合計し、費用などを差し引いたもの）を「受益権総口数」（＝新規購入者と解約者を足し引きした、その日の全保有者の口数）で割って求められるものだからです。

もしある日、人気ファンドに買い付けが殺到すれば、そのファンドにたくさんのお金が入ってきますから、確かに分子の純資産総額は増え、基準価額が上がりそうな気がします。しかしその場合、同時に分母の口数も大きく増えます。基準価額はあくまで「分子÷分母」の割り算の結果ですから、買う人が増えたことだけで基準価額が上昇することにはならないのです。冒頭のお客様の前提も、まさにここが違っていたわけです。

では、基準価額が実際に上昇するのはどんな時なのでしょうか？

単純に考えれば、先ほどの公式の分子の部分（＝純資産総額）が分母に影響されずに大きくなる時。すなわち、そのファンドに組み入れられている株式や債券などの時価が大きくなる時です。

「What」「Where」が変動要因を読み解くカギ

そこで次は2点目のポイント、「基準価額の変動要因」を理解しなくてはなりません。

図表2　基準価額の方程式その2（変動要因）

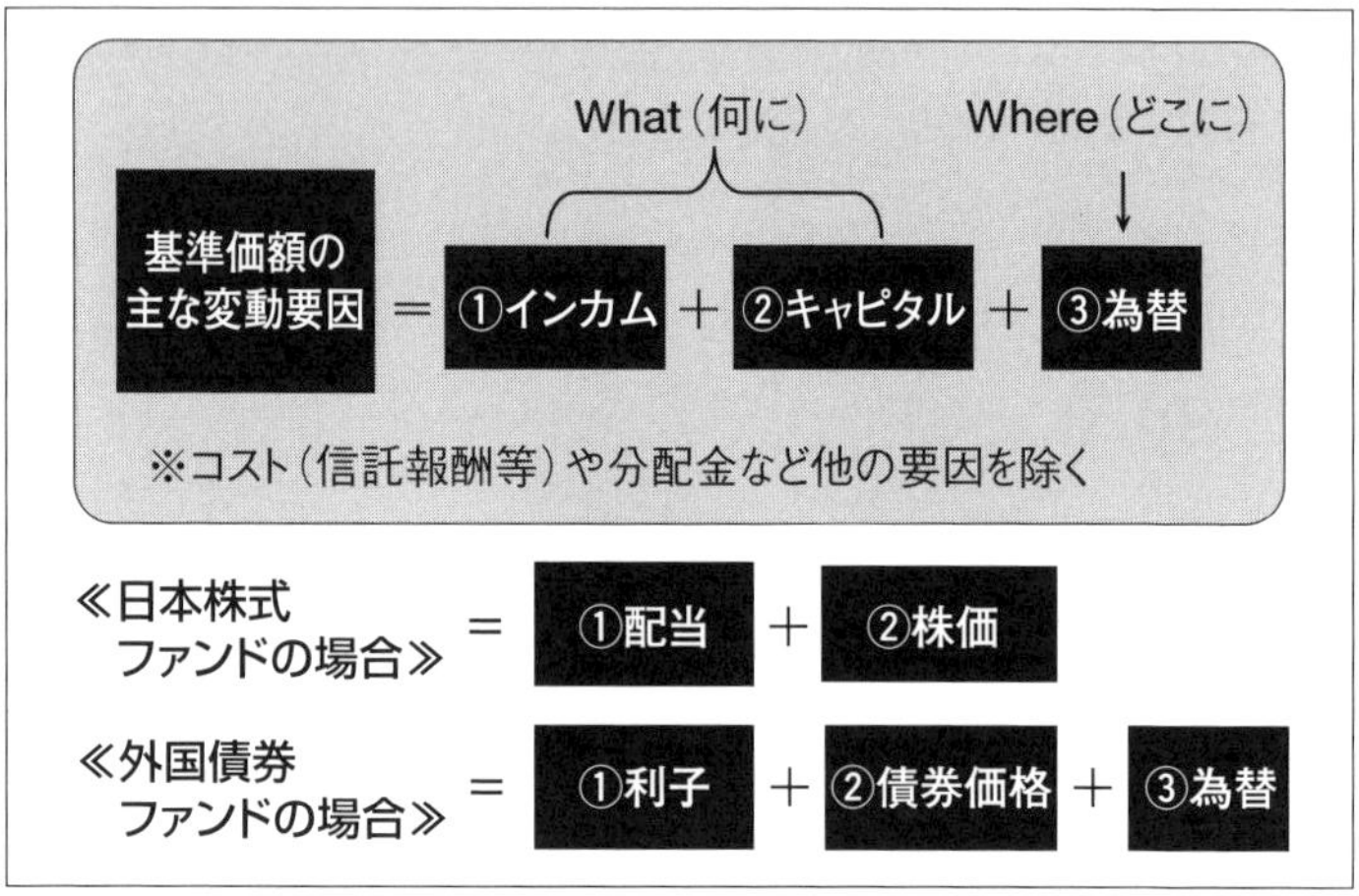
What（何に）
Where（どこに）
基準価額の主な変動要因
＝
①インカム
＋
②キャピタル
＋
③為替
※コスト（信託報酬等）や分配金など他の要因を除く
≪日本株式ファンドの場合≫
＝
①配当
＋
②株価
≪外国債券ファンドの場合≫
＝
①利子
＋
②債券価格
＋
③為替

これも方程式で分解して考えてみましょう。

前項でご紹介した「投資信託の5W1H」を覚えていますか？　この5W1Hのうち、**「What（何に）」**と**「Where（どこに）」**が、基準価額の変動要因を読み解くカギになります。**図表2**で示したとおり、基準価額の主な変動要因は、コストや分配金等の要因を除けば、大きく3つに分けることができます。

そのうちの2つは「What」、つまり「何に」投資しているかによって決まるもの。いわゆる①インカム（＝債券の利子・株式の配当など、保有する資産から定期的にもたらされる収入）と、②キャピタル（＝保有する資産の値上がり益・値下がり損）です。

残りの1つは「Where」、つまり「どこに」投資しているかによって決まるもの。ズバリ③為替差損益（＝為替相場の変動）です。日本の資産に投資していれば影響はありませんが、海外の資産に投資する場合、お客様はファンドを円で購入しているので、必ず為替変動の影響を受けます（為替ヘッジする場合を除く）。

この方程式を一度頭に入れればどんなファンドにも使えます。例えば、日本株式のみに投資するファンドであれば、為替は影響しませんので、基準価額の変動要因は「①配当＋②株価」の2つ。外国債券のみに投資するファンドであれば、「①利子＋②債券価格＋③為替」の3つと分かるのです。

もちろん、圧倒的に影響が大きいのは上下動のある②と③です。①は常にプラスに働く要因ではありますが、基準価額に占める割合はそれほど大きくありません。

結論として、基準価額が大きく上昇するためには、組み入れている株式や債券などの価格そのものが大きく上昇するか、（海外の資産なら）投資通貨が対円で大きく上昇することが必要なのです。

私たちが当たり前に使う言葉も、お客様にとっては専門用語です。時には時間をかけて、基準価額の本質をしっかり伝えてみましょう。

ここがポイント

▼「基準価額の方程式」で分解して理解する
～算出の仕組み → 純資産総額と口数との関係に注目！
～変動要因 → Ｗｈａｔ（何に）とＷｈｅｒｅ（どこに）に注目！

6 「分配金の仕組み」をどのように説明していますか？

このファンド 分配金が毎月120円もいただけるのね！
友だちも同じような商品を持っているから 私も買ってみようかなと思ったの
私どもで新しく取扱いを始めた○○ファンドですね
ご興味をお持ちいただきありがとうございます
友だちの分配金は30円だそうだから 120円なんて運用のうまいファンドなのね
毎月受け取る分配金が多いと確かに嬉しいですよね
ただお客様
投資信託の分配金と預金のお利息との違いはご存じですか
ええ
分配金は毎月の金額が保証されてないってことでしょ
それはそのとおりですがさらに大切なことは分配金はあくまで運用資産の取崩しだということです
取崩し？
はい
つまり 分配金を出せばその分基準価額というファンドの価格は下がるということです
ですから分配金は見た目の大きさだけではなく
何を元手として出されているかその中身をしっかりチェックすることも大切なんですよ

「毎月・高分配ファンドでなければ、投資信託にあらず⁉」

近年の投信業界の傾向をあえて一言で言い表すとしたら、こんな言葉になるでしょうか？

毎月・高分配ファンドが一世を風靡したのは、それだけ多くのお客様のニーズに合致するところがあったからでしょう。特に、リタイア世代のお客様にとっては、分配金を月々の生活費の足しにできる便利な商品でもあります。

しかし、この人気の裏で、分配金についての誤解が多いのも事実です。業界ではすでに、分配金に関するお客様への説明強化に動き出しており、イメージ図を用いた説明ツールの整備や目論見書・パンフレットの改訂など対応も進んでいますが、すべてのお客様に浸透するまでにはまだまだ時間がかかりそうです。ここで、分配金に関する注意点を改めて見直してみましょう。

「見た目」の分配金が多くても…

突然ですが、皆さんは人を判断するとき重視するのは「見た目」ですか？　それとも「中身」ですか？　実は分配金の注意点も、「**見た目**」と「**中身**」に分けて考えると分かりやすくなります。

まずは分配金の「見た目」です。マンガに登場するお客様のように、非常に多くの方が「分配金をいただく」とおっしゃいます。どうやら、投資信託を預金との対比でとらえ、

「預金元本にあたる基準価額は変動するが、利息にあたる分配金は運用結果によって後から別にもらえるもの」という発想になっているようなのです。ゆえに、「分配金が高いファンド＝運用のうまい、良いファンド」という解釈になってしまいます。

しかし、分配金はあくまで運用資産からの取崩しです。94ページの「きくじの法則」で紹介したように、ファンドに関わるプラス・マイナスはすべて、基準価額に日々反映されています。分配金の分だけ、基準価額とは別に、どこかに貯めてあるわけではありません。ファンドから分配金が払い出されれば、分子の純資産総額が減るので、投資環境などその他の要因に変化がなければ基準価額はその分必ず下がります。

簡単に言えば、お客様にとって分配は「ファンドを持ち続けながら、自動的にその一部を取り崩して使う機能」なのです。自分のお金が動くだけですから、分配が多いからといってお得なわけではありません。分配が少なければ、その分基準価額の中に残っているだけの話で、お客様の損というわけでもありません。

しかも、「投資信託の5W1H」で解説したとおり、そもそもファンドごとに分配方針は異なります。すべてのファンドが高い分配を目指しているわけではありませんから、運用のうまさと分配金の高さは必ずしも比例しません。

結局、分配型ファンドの運用成果は、分配金の「見た目」の大きさだけでは判断できません。投資期間における基準価額の騰落額と、その間に受け取った分配金の合計を合わせた**トータルリターン**で見なくてはならないのです。

図表　追加型株式投資信託の分配対象額の考え方

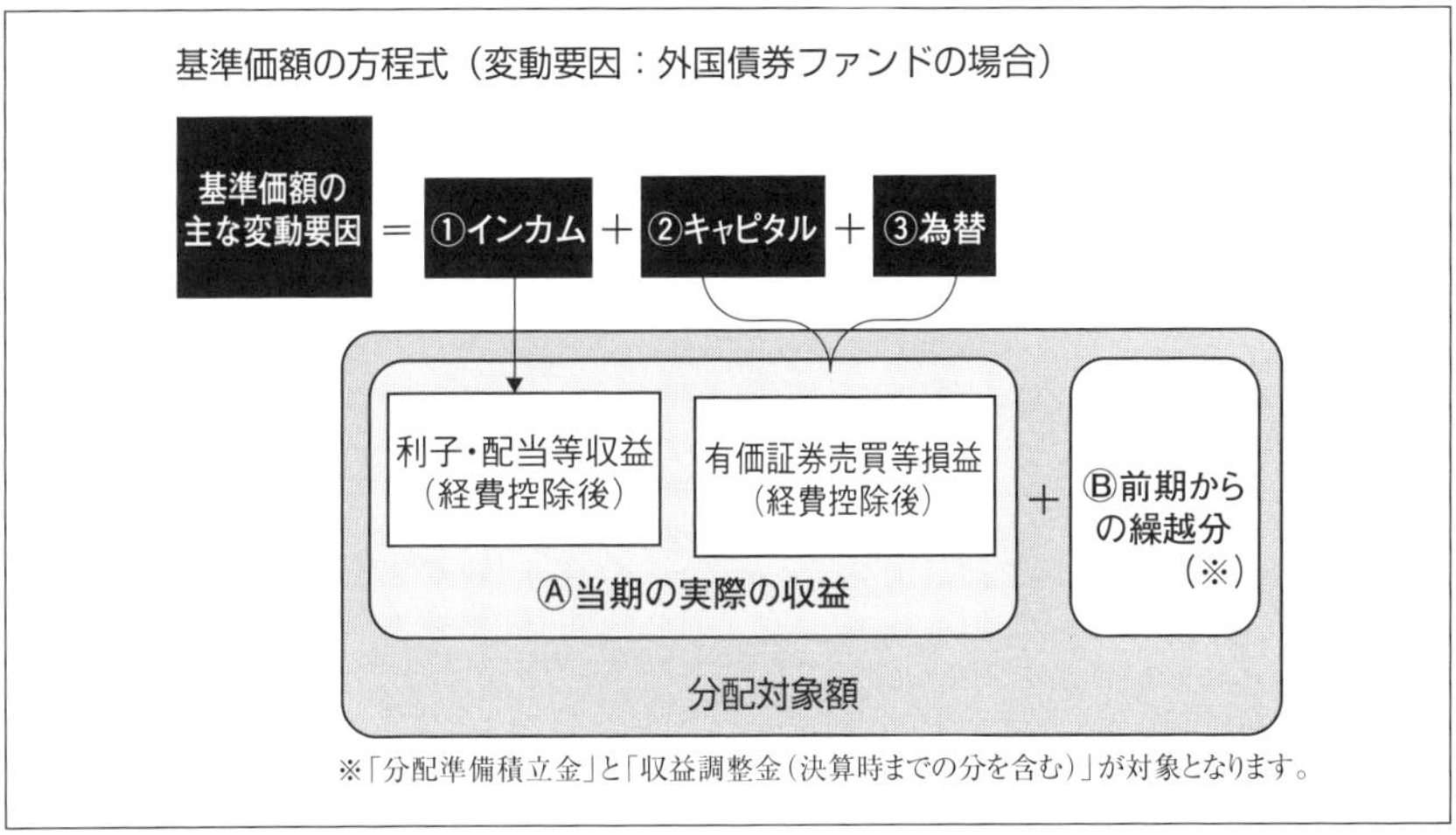
基準価額の方程式（変動要因：外国債券ファンドの場合）
基準価額の主な変動要因
＝
①インカム
＋
②キャピタル
＋
③為替
利子・配当等収益（経費控除後）
有価証券売買等損益（経費控除後）
Ⓐ当期の実際の収益
＋
Ⓑ前期からの繰越分（※）
分配対象額
※「分配準備積立金」と「収益調整金（決算時までの分を含む）」が対象となります。

分配金の「中身」をよく見てみると…

そこで次に注目すべきなのが、分配金の「中身」です。分配金が基準価額の一部なのだとすれば、一体どの部分から出されているものなのでしょうか？

図表には、基準価額のうち分配金として支払うことができる範囲（＝**分配対象額**）の考え方を簡単に示しておきました。会計上の細かいルールについては割愛しますので、ここではざっくりと大づかみしてみましょう。

まずベースとなるのはⒶ当期の実際の収益です。96ページの方程式でご紹介した基準価額の変動要因を思い出してください。常にプラスに働く①インカムと、日々上下動のある②キャピタルや③為替のプラス分は、経費を控除した後、分配の原資となります。この範囲内で分配が行われるのであれば、入ってきたものが出ていくだけです。

しかし毎期実現した利益だけで分配を行えば、各期で分配金がばらつき、ときにはゼロにもなってしまいます。そこで実際には、ほとんどのファンドがⒷ前期からの繰越分（＝過去、分配に回さなかった分など）も用いて安定的な分配を行っているのです。

もちろんこのⒷも、計算上分配してもよいという範囲を示しているだけで、当然、基準価額に含まれています（したがって、金額は固定ではなく、市場の変動によって変化します）。

毎月の分配金に占める①の部分が比較的大きいとか、市場の見通しから②や③のプラスが大きく期待できるのであればよいのですが、高い分配金を維持するためにⒷを使って「増えるより早いスピードで払い出す」状態を続けるだけだとしたら――その分基準価額は徐々に削られてしまいます。お客様も「分配金さえ維持されれば、基準価額は下落し続けてもいい」とは言わないはずです。

つまり分配金を比較するときには、分配方針を確認したうえで、その「中身」＝分配の元手にも注意を払うことが大切なのです。

最近、毎月の分配金が変わらないことを期待して、「分配金利回り」でファンドを選ぶお客様が急増していますが、これもまさに、分配金の「見た目」だけを重視した考え方だと言えるでしょう。

なぜなら分配金利回りは、購入時点での基準価額が1年後もまったく同じであることを前提にした無理のある計算であり、分配金の「中身」については一切考慮されていないからです。

分配金利回りが年20％のファンドなら、確かに、購入金額に対して年間20％分の現金を分配金として受け取ることになります。しかしそれは同時に、年間20％のペースで資産を払い出していくファンドだということでもあります。そのファンドの投資対象が年間20％以上の成長を生むかどうかを検討することなしに、飛びつくことはできないはずですよね。

「人を見た目だけで判断せず、中身も見よう」とするように、分配金についても「見た目だけではなく、中身もしっかり確認しよう」とアドバイスできるかどうか――さぁ、皆さんの腕の見せ所です。

ここがポイント

▼分配型ファンドの運用成果は、分配金の「見た目」だけで判断せず、基準価額と分配金を合わせたトータルリターンで考える

▼分配方針を確認し、分配金の「中身」＝分配の元手にも注意を払う

7 「分配金の税金」をどのように説明していますか？

○○ファンドの「分配金のお知らせ」が届いたんだけど…
今回は、前回より手取りも多いし得しちゃったわ！特別なボーナスでも出たの？
1
いいえ 糸谷様 実は税金の影響なのです お知らせの中の 税金の欄をご覧いただけますか？
あら 税金が引かれてないわ
2
そうなんです
先月は円高の影響で糸谷様のご購入時よりも○○ファンドの基準価額が下落しました
3
つまり今回の分配金は糸谷様にとっては利益ではありません
利益じゃない分配金…
4
はい
今回の分配金は 糸谷様の投資元本が 一部戻ってきたものとお考えください
ですから「元本払戻金」という名前で 非課税になっているのです
5
なるほど
毎月利益が出るとは限らないものね
「分配」は ファンドを持ち続けながら 自動的にその一部を取り崩して使う機能だと あなたに教えてもらったとおりね
6

前項で分配金の仕組みを取り上げた際、「お客様にとって分配は、ファンドを持ち続けながら自動的にその一部を取り崩して使う機能」だと説明しました。

しかし、お客様の納得感という点から考えると、この説明だけではまだ十分ではありません。お客様が一番気になるのは「手取りの分配金額」だからです。つまり、分配の仕組みに加えて、受け取る分配金にかかる税金についても、お客様にしっかり理解してもらうことが必要になります。

では、皆さんは「分配金の税金」について日頃どのような説明をしているでしょうか？「税金」といえば「難しくて分かりにくい」と苦手意識を持つ方も多いようですが、根っこの考え方を一度理解してしまえば大丈夫。必ず説明できるようになります。

支払われる分配金が同じでも税金はどうなる？

今回は「**お客様ごとの目線**」をキーワードに、基本から、図表で確認していきましょう。話を分かりやすくするため、Aさん、Bさん、Cさんという3人のお客様が、Xファンドを1万口購入する場合を考えてみたいと思います。

投資家がファンドを購入したときの基準価額を「個別元本」といいます。追加型投信の場合、誰でもいつでも購入ができますから、個別元本は一人ひとり異なります（ちなみに同じファンドを追加購入した場合は、その都度、口数の加重平均で計算し直されます）。

図表1～3を見てください。Aさんは、Xファンド1万口を設定時の1万円で購入。B

Xファンドの基準価額と分配金のイメージ

図表1　Aさんの場合

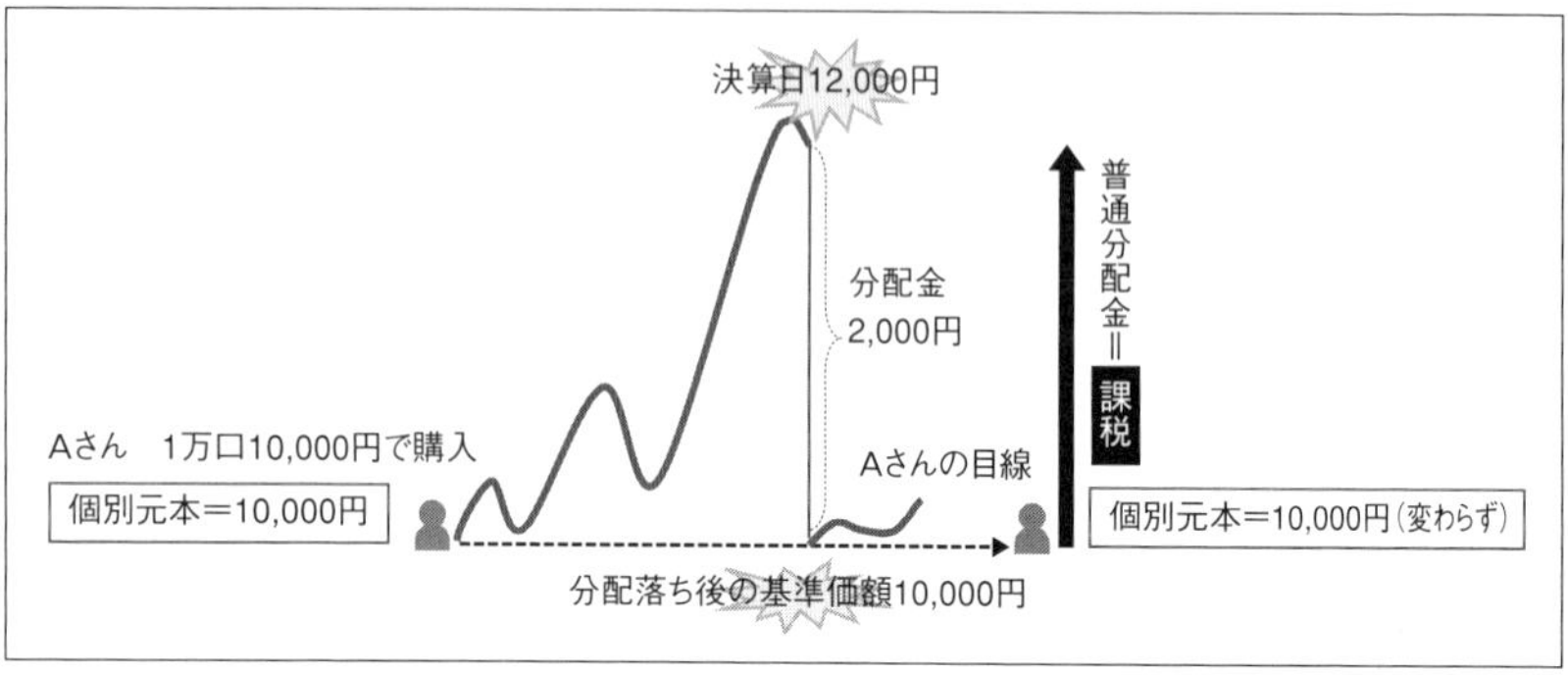
決算日12,000円
分配金
2,000円
普通分配金＝課税
Aさん　1万口10,000円で購入
個別元本＝10,000円
Aさんの目線
個別元本＝10,000円（変わらず）
分配落ち後の基準価額10,000円

図表2　Bさんの場合

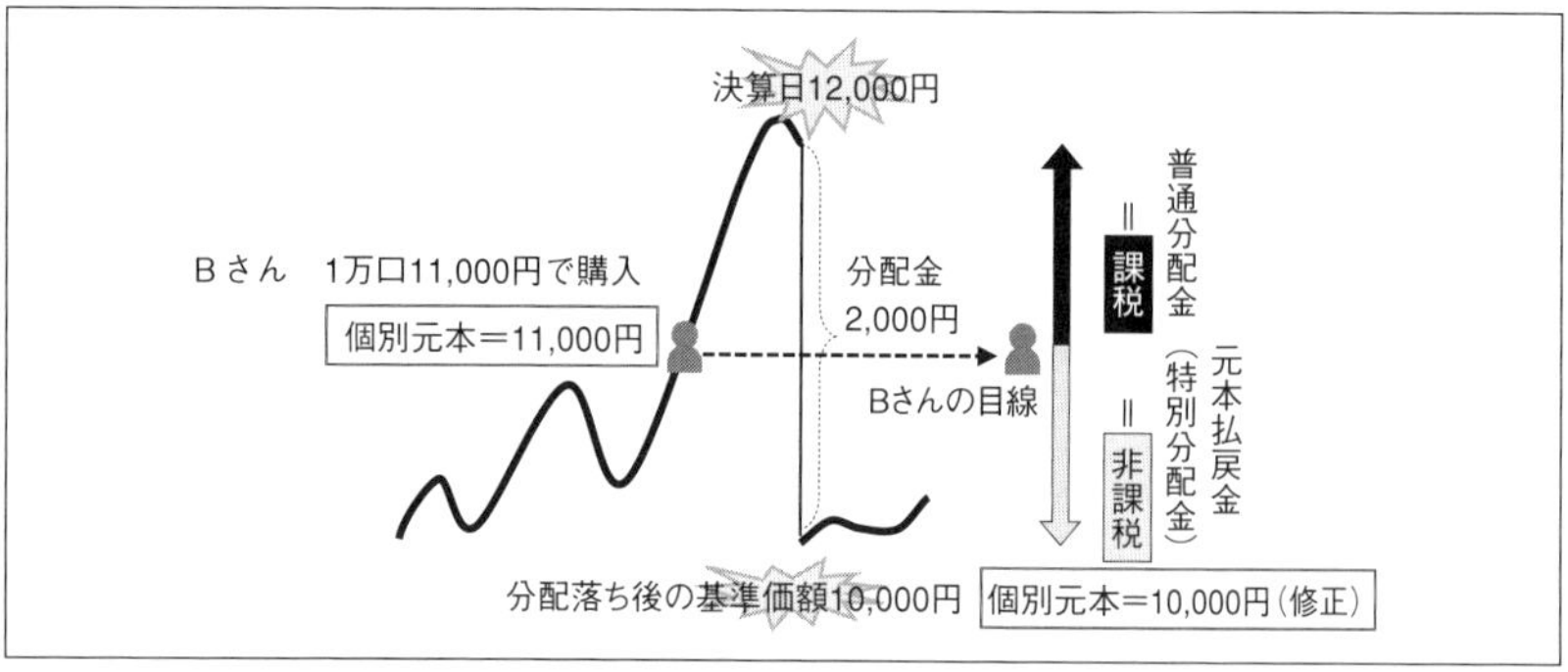
決算日12,000円
Bさん　1万口11,000円で購入
個別元本＝11,000円
分配金
2,000円
Bさんの目線
普通分配金＝課税
元本払戻金（特別分配金）＝非課税
分配落ち後の基準価額10,000円
個別元本＝10,000円（修正）

図表3　Cさんの場合

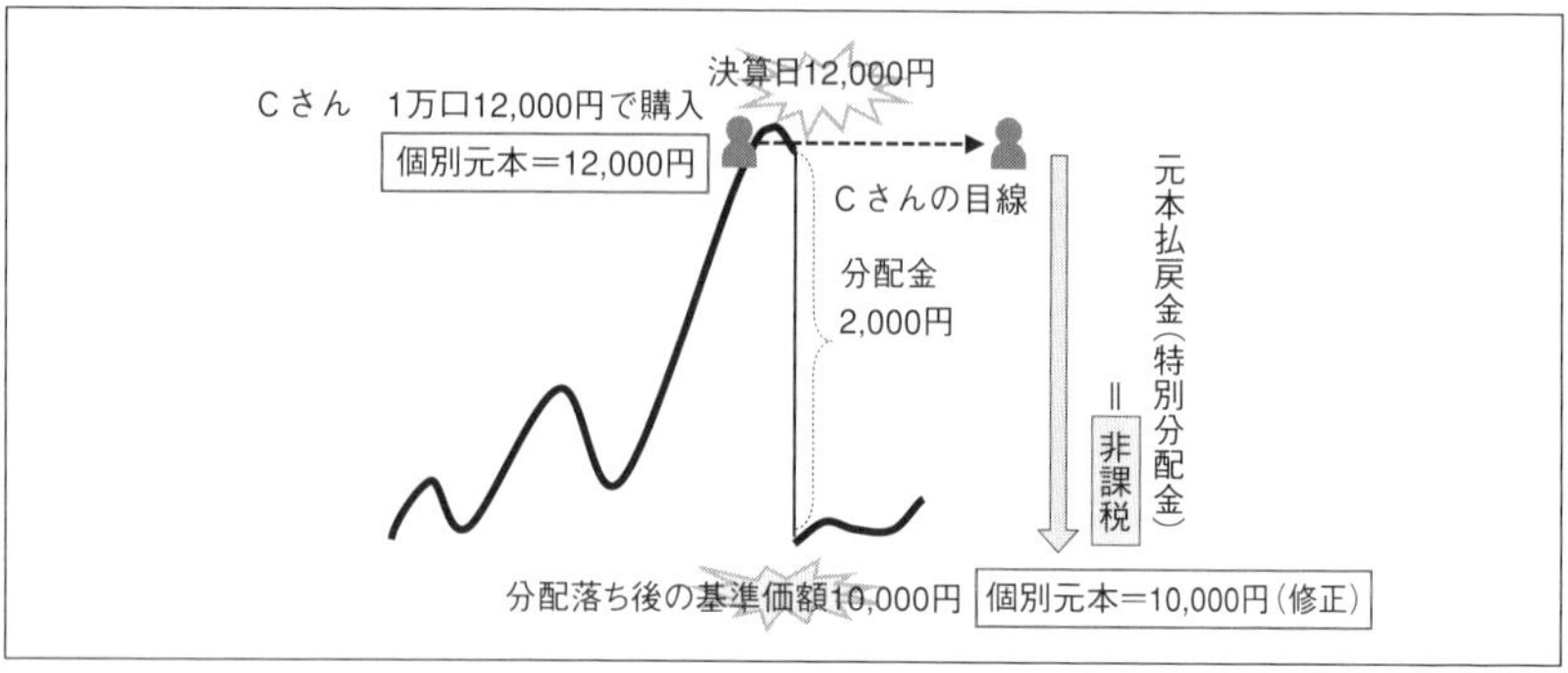
決算日12,000円
Cさん　1万口12,000円で購入
個別元本＝12,000円
Cさんの目線
分配金
2,000円
元本払戻金（特別分配金）＝非課税
分配落ち後の基準価額10,000円
個別元本＝10,000円（修正）

さんは運用スタート後、基準価額が1万1000円になった時に、Cさんは1万2000円になった時に購入したとします。その後、基準価額1万2000円で決算を迎えたXファンドが、収益分配金を1万口あたり2000円支払うことを決定し、分配落ち後の基準価額は1万円となりました。Aさん、Bさん、Cさんともに分配金額は2000円です。

さてこのとき、3人が受け取る分配金にかかる税金は、それぞれどうなるでしょうか？

利益である普通分配金は課税されるが…

ここで忘れてはならない大原則は「税金は実際に得た利益にしかかからない」ということです。

今度は「決算時点（＝分配落ち前の基準価額）」と、Aさん、Bさん、Cさんそれぞれの目線にこだわって、**図表1〜3**をもう一度眺めてみてください。

Aさんが、個別元本1万円の位置から決算時点の基準価額1万2000円を見ると、分配金2000円すべてがAさんの目線の上にあります。これはAさんにとって2000円すべてが値上がり益であるということを意味しています。利益には当然「普通に」税金がかかりますから、手取りの分配金額は、税率分（平成24年は10％を適用）を差し引いた1800円となります。これがいわゆる「**普通分配金**」です。

次にBさんの場合、個別元本1万1000円の位置から1万2000円を見ると、1000円分はBさんの目線の上にありますから、Aさんと同じ「普通分配金」になります。

しかし、残りの1000円分はBさんの目線から下です。Bさんにとって、これは運用による利益ではありません。Bさんが望む望まないに関わらず、自分のお金が「特別に」1000円分払い戻されているのです。利益でなければ当然税金はかかりません。これを従来は「特別分配金」と呼んでいましたが、「特別に出された嬉しい分配金」と誤解されるケースも多かったため、**「元本払戻金（特別分配金）」**という表示に変わりました（特別分配金という言葉は税法上規定された用語であるため、カッコくくりで残されています）。

結局、Bさんの手取りの分配金額は、普通分配金（＝税率10％を差し引いた900円）と、元本払戻金（特別分配金）（＝1000円）を合わせた1900円になります。

元本払戻金（特別分配金）でも受け取らなければならない

ではCさんはどうでしょうか？　個別元本と決算時点の基準価額が同じ1万2000円の位置で、分配金2000円すべてがCさんの目線の下にあります。つまりCさんにとって2000円はすべて自分のお金から払い戻された「元本払戻金（特別分配金）」ですから課税はされず、まるまる2000円が手取りの分配金額になります。

なお、BさんとCさんについては、自分のお金が払い戻された分Xファンドへのそもそもの投資金額が減ったことになりますから、個別元本も元本払戻金（特別分配金）の額だけ減額され、1万円に修正されます。

したがって本ケースの場合、次回の決算日にはAさん、Bさん、Cさんともに個別元本

1万円で、そこから同じ目線で決算時点の基準価額を見ることになります。追加購入等で3人の保有口数に変更がない限り、次回の分配金の手取り額は全員同じになりますね。

いかがですか？　お客様の多くは、分配金を「自分の投資元本に対する利益」と思いがちです。しかし実際には、同じ日の分配でも、ある人にとっては利益であり、ある人にとっては元本の払戻しであるということなのです。

プレゼントをもらうのであれば、「普通」より「特別」のほうが嬉しいですが、分配金はそうではありません。時々、「元本払戻金（特別分配金）ならいらない」というお客様がいらっしゃいますが、ファンドの収益分配とは、あくまで運用会社が運用方針や分配方針に基づき、ファンド全体の収益状況を見て一律に行うもの。不特定多数の投資家が共同投資する仕組みでメリットを受けられる投資信託だからこそ、「特定の誰か」の事情に合わせることはできないのです。

ここがポイント

▼実際に得た利益である「普通分配金」は課税されるが、元本の払戻しである「元本払戻金（特別分配金）」は非課税である

▼分配型ファンドの収益分配は、一人ひとりの事情に合わせて行われるわけではない

8 「為替相場を動かす要因」をどのように整理していますか？ ①

このところ急激に円高が進んで心配しているんだ
日本は不景気で金利も低いのにどうしてだろう？
確かに 今の日本の状況だけを見ていますと そうした疑問が浮かんでくることもありますよね
ただ 為替レートは2通貨の交換レートですから相手がいてこそ成り立つものなんです
交換レート？
株の場合は世界中の景気が悪ければ
どの国の株も売られてしまいますよね
一方 為替相場はあくまでも相手通貨との力比べですから
円が強くなるときには必ず反対側で弱くなる通貨が存在します
なるほど…
そうかドルが弱いのか！
はい
現在は円以上にドルの弱点が目立つため ドル売りが強まり結果として円高になっていると考えられます

２０１１年は、円相場の戦後最高値として長らく記録されてきた「79円75銭（１９９５年４月）」が約16年ぶりに更新されるなど、「円高」が注目される年となりました。３月には東日本大震災の影響から76円25銭、さらに欧米における財政危機などを背景に10月には75円32銭とドル安円高が進行し、多くのお客様がこの先の為替相場の行方を気にしています。

このような相場の大変動を目の当たりにすると、誰しもつい「1ドル＝何円までいくか」という水準にとらわれがちです。

しかし、もともと相場の振れ幅は、その時々の市場参加者の行動によって加速したりしなかったりするもの。事前には誰にも分からないものです。かと言って、「為替は様々なニュースで動きますので、先のことはなかなか…」などという説明では、お客様の納得は得られませんよね。

そこで本項と次項の2回にわたって、私自身が銀行で外国為替のカスタマーディーラーの仕事をしていた時の実体験も踏まえながら、「為替相場を動かす要因」の整理の仕方を考えてみようと思います。もちろん為替相場には様々な見方がありますが、ここでは分かりやすくするためにかなり単純化して進めていきますので、まずは基礎固めとしてお付き合いください。

為替相場を動かすのは需要と供給のバランス

では初めに、そもそも為替はなぜ動くのでしょうか？

為替の入門書などには「為替の変動要因は、経済成長率・金融政策・要人発言・地政学的影響…」とあまりにたくさん並んでいるため、最も大切なことをつい忘れてしまいがちです。まずはシンプルに考えましょう。為替が動くのは「お金が動くから」です。そのお金を動かすのは「人間」です。

昔、ディーラーになって間もない頃、毎日休みなくドルが上昇したことがありました。しかし、いくら考えてみてもドルが上がり続ける理由が分かりません。悩んだあげく隣の先輩に聞いてみたら、すかさずこう言われました。

「買いたい人が多いからだよ」

当時は、その先輩が意地悪なのだと思っていましたが、今思えば非常に奥深い言葉だと感じます。

肉も魚も、モノの値段は**需要と供給のバランス**で決まります。為替というと特殊に思われがちですが、「通貨の値段」ですから同じこと。その通貨を買いたい人が多いのか、売りたい人が多いのかという「需給」で決まる——単純すぎるようですが、これが原点です。

ゆえに為替相場を読むためには、市場が今何に注目しているか、つまり「売りたい、買いたい」という思いを最も強く生じさせているテーマは何かをつかむことが大切なのです。理屈の上でどんなに重要な材料でも、市場に注目されていなければ相場を動かす要因にはなり得ません。市場は勝手なもので、重要と考える材料はその時々の環境に応じて変わっていきますが、材料が整理できれば相場の先行きが読みやすくなります。

変動要因は通貨ごとに分けて考える

次にもう一歩踏み込んで、市場が注目している材料の見つけ方を考えてみましょう。

為替レートは２国間の通貨の交換レートですから、相手がいて初めて成り立つものです。その強弱は相対的な力関係で決まります。

例えば、日本の景気が悪い場合、教科書的には当然円は弱くなるはずと考えますが、日本よりもアメリカの景気がさらに悪ければ、円はドルに対しては強くなるというケースが起こるのです。

したがって、為替相場の変動要因を分析するときには、通貨ごとに要因を分けて考える必要があります。ドル円相場なら、ドルの要因で動いているのか、円の要因で動いているのか。**相場の主語**が分かれば、市場が今、何に注目しているかもおのずと見えてきます。

「美人投票」より「不美人投票」⁉

これも新米ディーラー時代に上司から教わったことですが、市場での投資家の行動はよく「美人投票」にたとえられます。参考までに上司と私の当時の会話を再現すると、このような感じです。

「ここでいう美人投票とは、１００人の中から最も美しいと思う女性を選んで投票させ、さらに優勝者に投票した人には豪華な景品を与えるというもの。景品が欲しいと思うなら、誰に投票する？」

「優勝しそうな人…でしょうか」

「そのとおり。自分の好みはさておき、他人が誰を選ぶかということを考えるだろう？為替も同じ。勝負に勝つためには、自分が強いと思う通貨ではなく、市場のみんなが強くなると思うだろう通貨を考えてみなさい」

「分かりやすいたとえですね！」

「考えたのは僕じゃなくて、ケインズっていう経済学者だけどね」

ところがここ数年の為替相場は、金融危機からの世界的な景気悪化、先行き不透明感の中で、売りたい通貨ばかりになってしまいました。それゆえ、強い通貨を買う「美人投票」というよりは、弱い通貨を売り叩く「不美人投票」の様相が強まっているのです。この場合、最も弱点の少ない通貨が結果的に買われることになります。

今の日本の景気低迷、超低金利、財政悪化を考えれば、決して円が美人という状況ではありません。しかし、百年に一度とも呼ばれる危機でアメリカはさらに深刻な状況にあります。未曾有の財政赤字、急激な金利低下で日米金利差もほぼない状態となれば、円に魅力的な材料がなくても、より悪いドルの材料に強く反応してドル売り円買いが進んでしまいます。

つまり、この場合の相場の主語は「ドル売り」であり、市場はアメリカ経済の先行き懸念に注目しているというわけです。このことから、相場が反転するためには、円の材料よりもむしろドルの材料（ドルの弱点が減る材料か、ドル買いにつながる良い材料）が出てくることが重要だという推測もできますよね。

「相場を当てることと、相場に勝つことは違う」――これは私がディーラー生活の中で学んだ教訓です。特に、長期を前提とする「資産運用」の観点では、いかに長い道のりの中でコンスタントにリターンを上げ続けられるかがポイントになります。

「木よりも森を見る方式」で、できるだけマーケットの大きな流れ（＝トレンド）をつかむことに、力を注いでみてください。

ここがポイント

▼相場の主語を見極め、「今の旬のテーマは何か」を把握する
▼相場を当てることと、相場に勝つことは違う
〜特に「資産運用」の観点では、目先のテクニックよりも、マーケットの大きな流れをつかむことが大切！

9 「為替相場を動かす要因」をどのように整理していますか？ ②

先月オーストラリアに旅行に行ってきたのよ それで 豪ドルへの投資を考えているんだけど…
ご自身の目で見て信頼できる国を選ぶのも投資の一つの考え方ですよ
ええ とても良い国だと思ったんだけど…
「十数年ぶりの円高」なんでしょう？ 怖くなってしまって
工藤様 為替はあくまでも相手通貨との力比べです
一口に円高といってもどの通貨と比べるかでずいぶん違うんですよ
現在はドル売りの材料が強いため ドルに対して円が大きく買われていますが 実は豪ドルも同じ状況です
豪ドルも ドルに対して大きく買われている…？
その通りです 今のところ 豪ドルと円との力比べでは それほど大きな差がないので
豪ドル／円レートは横ばいでの推移が続いています
豪ドル
$
$
¥
なるほど
豪ドルと円ばかり気にするのではなく ドルの材料も確認する必要があるのね

前項でご説明した通り「**為替レートは2通貨の交換レート**」です。そしてその組み合わせは通貨の数だけ存在しています。

ただし忘れてはいけないのが、外国為替市場の現在の基軸通貨は米ドルであり、あらゆる通貨の値段は「対ドルでいくらか」が基本であるということです。

昨今の投資信託では、ユーロ／円、ポンド／円、豪ドル／円など、ドル／円以外の組み合わせが盛んになっていますが（ちなみに、ドル以外の通貨の対円レートを総称して「**クロス円レート**」と呼びます）、これらは世界の市場の中では取引量の少ないマイナーな組み合わせです。したがって、クロス円レートを読むためには、ドル／円レートを見るときとは違った心配りが必要です。

為替シリーズの2回目は、このクロス円レートにスポットを当ててみたいと思います。

「豪ドル／円」レートはどのように決まるのか⁉

まずは、クロス円レートの決まり方を確認しておきましょう。ここでは、今人気の高い「豪ドル／円」を例に考えてみます。

クロス円レートの中でも、ユーロ／円だけは比較的取引量が多いので、常に市場で値段が付き相場が形成されていますが、取引の少ない豪ドル／円は、そもそも市場で値段が付いていません。では豪ドル／円レートは一体どのように決まるのでしょうか。

実は「**計算**」**によって導かれるもの**なのです。118ページの**図表1**で示したとおり、「ド

図表1　豪ドル/円レートの計算方法

例）
≪ドル／円≫
1ドル＝81.00円

≪豪ドル／ドル≫
1豪ドル＝0.9877ドル

1ドル＝81.00円なので、
1ドル×0.9877＝81.00円×0.9877≒80.00円

1豪ドル＝0.9877ドル＝80.00円

※豪ドルは「1豪ドルあたり何ドル」と表示される通貨であり、上記のように掛け算で計算するため、「掛け算通貨」と呼ばれています。

図表2　2通貨の力比べ

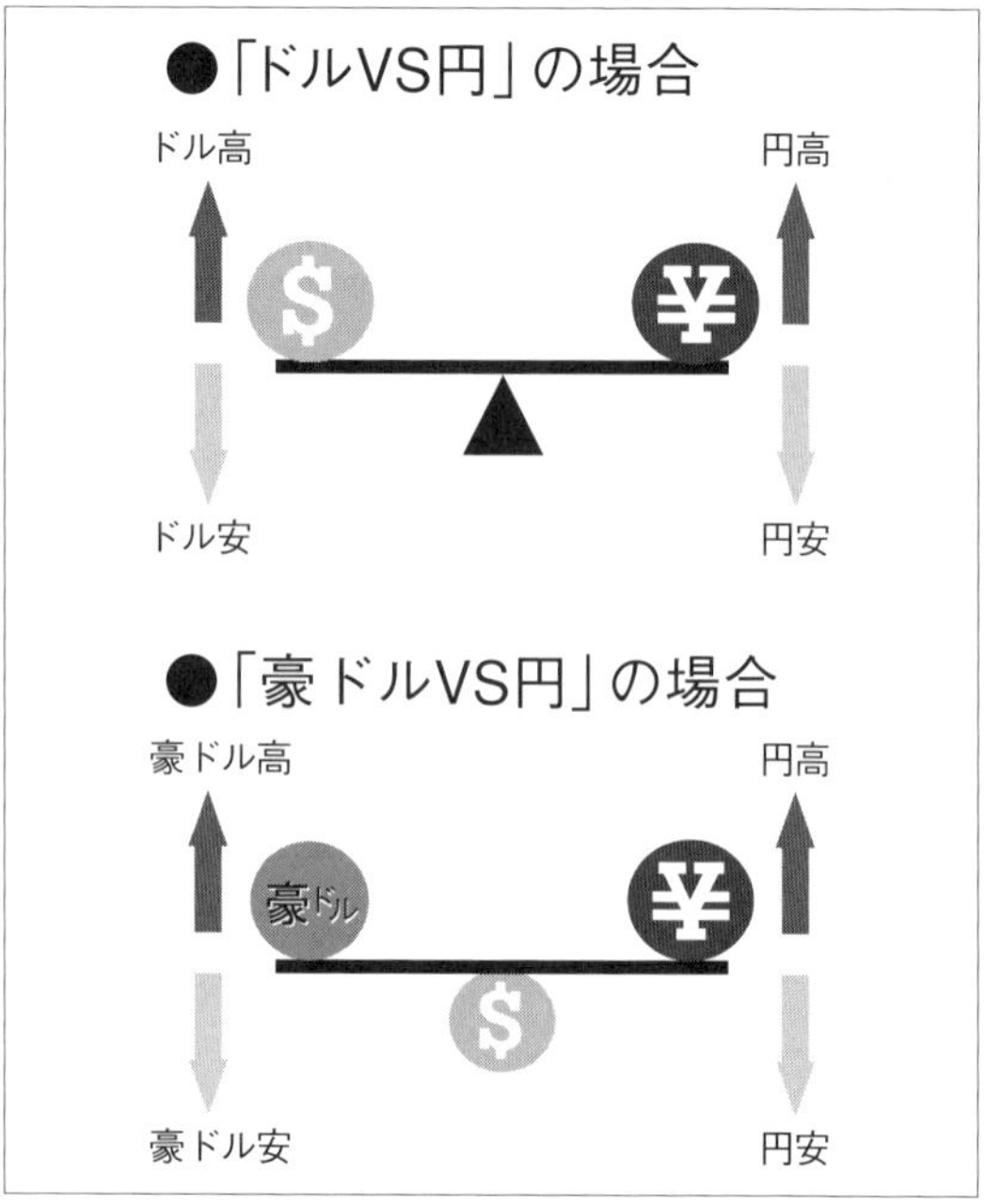
●「ドルVS円」の場合
ドル高
円高
ドル安
円安
●「豪ドルVS円」の場合
豪ドル高
円高
豪ドル
豪ドル安
円安

ル／円」と「豪ドル／ドル」という、常に市場で値段が付いている2つの為替レートを**合成**して算出します。

図表2は、2通貨の力比べをシーソーで表したものです。「ドルvs円」の力比べであれば、シンプルにドルと円のシーソーを考えるだけですみます。しかし、「豪ドルvs円」の力比べはもう少し複雑です。「豪ドルvsドル」「ドルvs円」という2つの力比べの合成なので、ドルを支点に豪ドルと円のシーソーを考えなくてはならないのです。

では実際に、120ページの**図表3**で「豪ドルvs円」のシーソーの動きを具体的に見てみましょう。

②のケースは左側のシーソー（＝豪ドルvsドル）で豪ドルが買われたことによって、③のケースは右側のシーソー（＝ドルvs円）で円が売られたことによって、豪ドルが円よりも高い位置に変化しました。これはつまり、豪ドル高円安が進んだということです。

一方、④は左側・右側の両方に変化が起きたケースです。ドルに対して豪ドルが買われましたが、同時に円も買われたため、豪ドルと円の位置関係は水平のまま。計算してみると、たしかに豪ドル／円レートは①と同じ約80円で動きがありません。このとき、豪ドル／円レートしか見ていない人は、マーケットが実は「ドル売り」というテーマに反応していることに気づけないでしょう。

つまり、豪ドル／円レートの変動要因を分析するときには、豪ドル／円レートそのものをじっと眺めていてもダメ。あくまで、豪ドル、円、ドルの３つの要因をチェックしたうえで、左側のシーソーの影響が強いのか、右側のシーソーの影響が強いのかを見極めることが大切なのです。

「通貨分散」でシーソーの動きを緩和する

さらに付け加えれば、クロス円レートの計算式の中にはドル／円レートが含まれているため、私たち日本人が「円」から投資する以上、どの通貨を選んだとしても、ドル／円の

図表3　「豪ドルvs円」のシーソーの具体的なイメージ

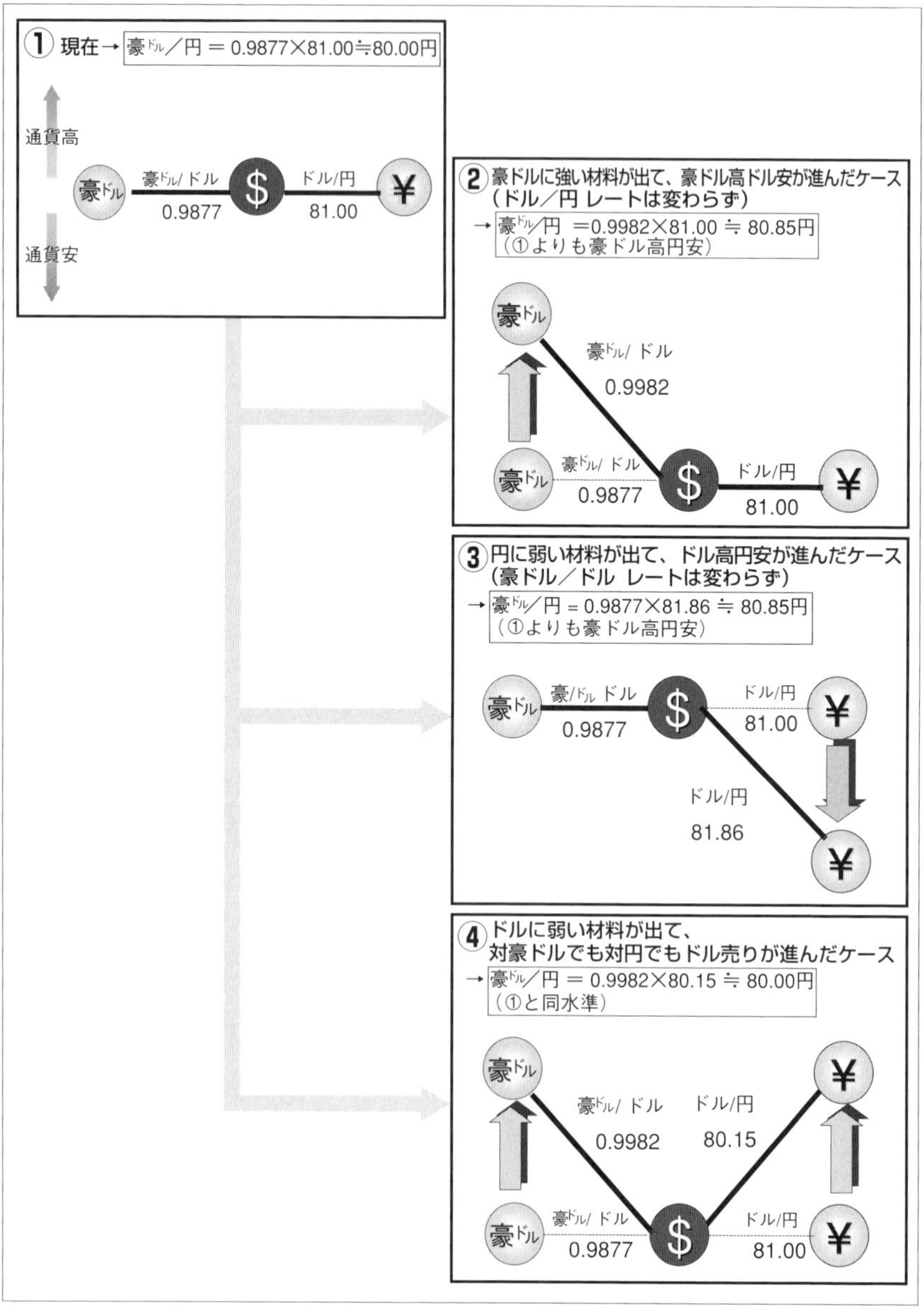

① 現在→ 豪ドル／円 ＝ 0.9877×81.00≒80.00円
通貨高
通貨安
豪ドル
豪ドル/ドル
0.9877
$
ドル/円
81.00
¥
② 豪ドルに強い材料が出て、豪ドル高ドル安が進んだケース
（ドル／円 レートは変わらず）
→ 豪ドル／円 ＝0.9982×81.00 ≒ 80.85円
（①よりも豪ドル高円安）
豪ドル/ドル
0.9982
豪ドル/ドル
0.9877
ドル/円
81.00
③ 円に弱い材料が出て、ドル高円安が進んだケース
（豪ドル／ドル レートは変わらず）
→ 豪ドル／円 = 0.9877×81.86 ≒ 80.85円
（①よりも豪ドル高円安）
豪/ドル ドル
0.9877
ドル/円
81.00
ドル/円
81.86
④ ドルに弱い材料が出て、
対豪ドルでも対円でもドル売りが進んだケース
→ 豪ドル／円 ＝ 0.9982×80.15 ≒ 80.00円
（①と同水準）
豪ドル/ドル
0.9982
ドル/円
80.15
豪ドル/ドル
0.9877
ドル/円
81.00

影響を完全に避けることはできません。

ただし、ドルのみに投資した場合は、右側のシーソーの動きだけですべてが決まってしまいますが、ドル以外の通貨に投資した場合は、左側のシーソーの動きと合成されます。ある程度の期間をとってみれば、左右のシーソーは動きの方向やスピードが異なる可能性がありますから、「通貨分散」はやはり意味がある方法だといえるでしょう。

「未来に起こることは必ず過去からのつながりがある。ゆえに、相場を読むためにはまず現状分析！」――これも私がディーラー生活の中で学んだ教訓です。クロス円レートの仕組みをしっかり理解して、現状分析にぜひ役立ててみてください。

ここがポイント

▼クロス円レートは、2つの為替レートを「合成」して算出する

▼クロス円レートを動かす要因は、2つの為替レートに「分解」して考える

(例)「豪ドル／円」＝「豪ドル／ドル」と「ドル／円」

10 「債券ファンド」をどのように説明していますか?

投資信託っていろいろな種類があるんですね
迷っちゃうわ
株と違って債券は安心だから
債券ファンドがいいと思うよ
宮川様はよく勉強されているんですね
ただ 実は債券も安心ではないときがありますどんなときだと思いますか?
どんなとき?
そもそも債券とは何か?を考えてみると分かりやすいと思います
債券を一言で説明すれば「借用証書」です
国債や社債を買うことは債券を発行した国や会社にお金を貸すことを意味します
そうか!
ぽん
お金を貸した相手が破綻したら 債券でも紙くずになってしまうのですね
そのとおりです
なるほど
ですから 債券発行者の借金返済能力 つまり信用力を確認することが重要になります

ファンドを提案する際にぜひ心掛けたいこと――それは「どのような条件のときに、そのファンドがどう動くか」というイメージを、お客様自身にしっかりつかんでもらうことです。

本章5でご説明したとおり、基準価額の変動要因を読み解くカギは、Ｗｈａｔ（何に投資しているか）とＷｈｅｒｅ（どこに投資しているか）にあります。「Ｗｈｅｒｅ」を決める「為替」については前項で取り上げましたので、今度は「Ｗｈａｔ」、すなわち「投資対象となる資産」にフォーカスしてみましょう。

まずは、代表的なアセットクラスの中から「債券」に着目し、債券ファンドの提案時に必要となる主なポイントをチェックしていきたいと思います。

「債券とはそもそも何か」を知ってもらうことが重要

安全資産と言われている債券ですが、説明するには、簡単なようで実は難しいところがあります。日々のニュースで報道される株価や為替レートとは違って、その値動きが見えにくいからです。

では、お客様に債券の値動きを正しくイメージしてもらうためには、どのような説明が有効でしょうか？

１つ目のキーワードは「**そもそも**」です。特に債券の場合、値動きの特徴は資産そのものの性格に起因するため、「債券とはそもそも何か？」を知ってもらうことは決して遠回りにはなりません。

債券をあえて一言で説明するならば、「借用証書」です。日本の国債を買うということは、日本にお金を貸すことを意味します。

つまり、債券はあくまでも「借金」なのです。例えば、一般的な固定利付債券の場合、①「誰が」、②「何%の利子を払って」、③「どのくらいの期間」借りる、といった「**借金の条件**」はあらかじめ決められています。また、「借りた」お金は当然返さなくてはなりませんから、債券には必ず満期日（償還日）があり、満期日に元本が戻ってくることが大前提となっています。

このように、債券の「そもそも」が分かれば、債券は株式のような高い成長を狙うものではなく、満期日までの利子収入の獲得をメインの目的とする資産だということもすんなり理解できます。

リスク名	ファンド提案時のポイント
信用リスク	発行体の格付けをチェック！
金利リスク	・景気動向・中央銀行の金融政策などから、金利の方向性をチェック！ ・デュレーションをチェック！

「債券の価格はなぜ動くか」をしっかり説明できるか!?

2つ目のキーワードは「**なぜ**」です。「債券＝安心」というフレーズばかりが先行しがちですが、「債券の価格はなぜ動くのか？」という素朴な質問をうやむやにしないことこ

図表　「借金の条件」の変化が債券価格に与える影響

「借金の条件」	このような「変化」が起こると・・・	どうなる!?
①「誰が」	お金を貸した相手の破綻するリスクが高まる↑と…	この債券を売りたい人が増えて、債券価格が下がる↓
	お金を貸した相手の破綻するリスクが弱まる↓と…	この債券を買いたい人が増えて、債券価格が上がる↑
②「何%の利子を払って」	世の中の金利が上昇↑すると…	（新しく発行される高い金利の債券に人気が集まるので）この債券を売りたい人が増え、世の中の金利とつりあうところまで債券価格が下がる↓
	世の中の金利が低下↓すると…	（すでに発行されている高い金利の債券に人気が集まるので）この債券を買いたい人が増えて、世の中の金利とつりあうところまで債券価格が上がる↑

そが、お客様の納得感につながります。

債券は、満期日が来る前に市場で売買することが可能な金融商品であるため、買いたい人（需要）が多いのか、売りたい人（供給）が多いのかによって値段が日々動きます。この点は、肉も魚も、株式も債券も変わりません。

ただし債券の場合、満期日には額面金額が戻るという性格上、途中の値動きは基本的に「元本＋満期までに受け取れる利子」で計算される価値から大きくかけ離れることはありません。債券の値ブレが小さい理由は、まさにここにあります。

ではその中で、債券の「売りたい、買いたい」を生じさせる主な要因は何でしょうか？

これも「債券が借金である」という性格から読み解くことができます。

先ほどご説明した「借金の条件」で言え

ば、①「誰が」と②「何％の利子を払って」は、債券価格の値動きの「**方向**」に影響します（125ページ**図表**参照）。

一方、③「どのくらいの期間」は、債券価格の値動きの「**大きさ**」に影響します。この点は見逃されることが多いのですが、非常に重要なポイントです。

残存期間（満期までの長さ）が長い債券と短い債券では、長い債券のほうが価格の変動は大きくなります。当然のことながら、1年先よりも10年先のほうが不確定要素が多く、「先が読めない」分だけ値動きが大きくなる傾向にあることは、お客様にも直感的に分かっていただけるでしょう。

実はこの値動きの大きさを、具体的な数字で実感できる便利な指標があります。債券ファンドの運用レポートをじっくり眺めたことのある方なら「修正デュレーション（あるいは平均デュレーション）○○」という表記を見たことがあるのではないでしょうか？

ここではデュレーションの複雑な計算式までは説明しませんが、その読み方と使い方だけはぜひ覚えておいてください。例えば、「修正デュレーション＝6・5」と書いてある債券ファンドならば、「金利が変動すると、債券価格は概算で6・5倍変動しますよ」ということを表しています。

もし、ある日突然金利が1％上昇したら、債券価格は6・5％程度下落し、基準価額にマイナスの影響を与える、逆に金利が1％下落したら、債券価格は6・5％程度上昇し、基準価額にプラスの影響を与えるというわけです。したがって、この修正デュレーションの数字が大きいファンドほど、基準価額の振れ幅は、プラスにもマイナスにも大きくなります。

修正デュレーションが読めれば、金利リスクを積極的に取りにいくファンドか、安定性重視のファンドかもおのずと判断できるようになります。具体的な「数字」の活用は、効果絶大ですよ！

ここがポイント

▼債券の値動きを分かりやすく伝えるためのキーワードは、「そもそも」と「なぜ」!!

▼金利変動に対する債券価格の変動の大きさは、具体的な数字を使って伝えると効果的
～「修正デュレーション」に注目！

11 「株式ファンド」をどのように説明していますか？

実は隣の○△銀行でこのファンドを勧められて
「日経平均と似た動きをするから分かりやすい」と言われて買ったんだけど…
日経平均が下がるとこのファンドも必ず下がるのよ
手数料を払ってプロに任せる意味がないわよね
確かに日経平均を上回ることを目標にするファンドならそれはよくないことですね
え？どういうこと？
この商品はインデックス運用というスタイルです
これは日経平均株価とぴったり一致した値動きになることを目指す運用です
日経225 インデックスファンド
A
日経平均
B
この場合 Aが優秀に見えるかもしれませんが…
インデックスファンドはBの動きをしたほうが優秀と言えるのです
なるほど運用スタイルね…
はい
リスクとコストは大きくなりますが Aのような動きを目指すアクティブ運用というスタイルもあります

統計をとってみると、卯年の日経平均株価は過去60年で5回中4回上昇、年間上昇率の平均も約23％と、十二支の中では、辰（たつ）、子（ね）に次ぐ3番目の高さでした。「卯年の相場は跳ねる」という相場格言もなるほどとうなづけます。

もちろん、こうしたアノマリー（＝合理性はないが、よく当たるとされる経験則）を鵜呑みにするのは危険ですが、相場の潮目の変化を見逃さないよう、うさぎのようにしっかり耳を立て、常に準備をしておくことはとても重要です。

本項では前項の「債券」に引き続き、もう1つの代表的なアセットクラスである「株式」を取り上げ、株式ファンド提案時の基本的なポイントを改めてチェックしてみたいと思います。

サラリーマンの長男とお笑い芸人の次男⁉

まずは債券と同様、株式も「そもそも」から確認しておきましょう。

株式とは、株式会社に対する出資持ち分を表す証券です。株式会社は出資した人（株主）のものなので、株を持つことはその割合に応じて企業を所有することを意味します。債券のように「お金を貸す」わけではありませんので「満期」という概念はありません。

もっとも、企業を所有するといっても、よほどの大株主でもない限り実際の経営に口をさしはさむことは難しいので、一般の投資家にとっては、その企業が生み出す利益の分け前にあずかることがメインの目的となります。

図表　企業が生み出した利益を株主に還元する方法

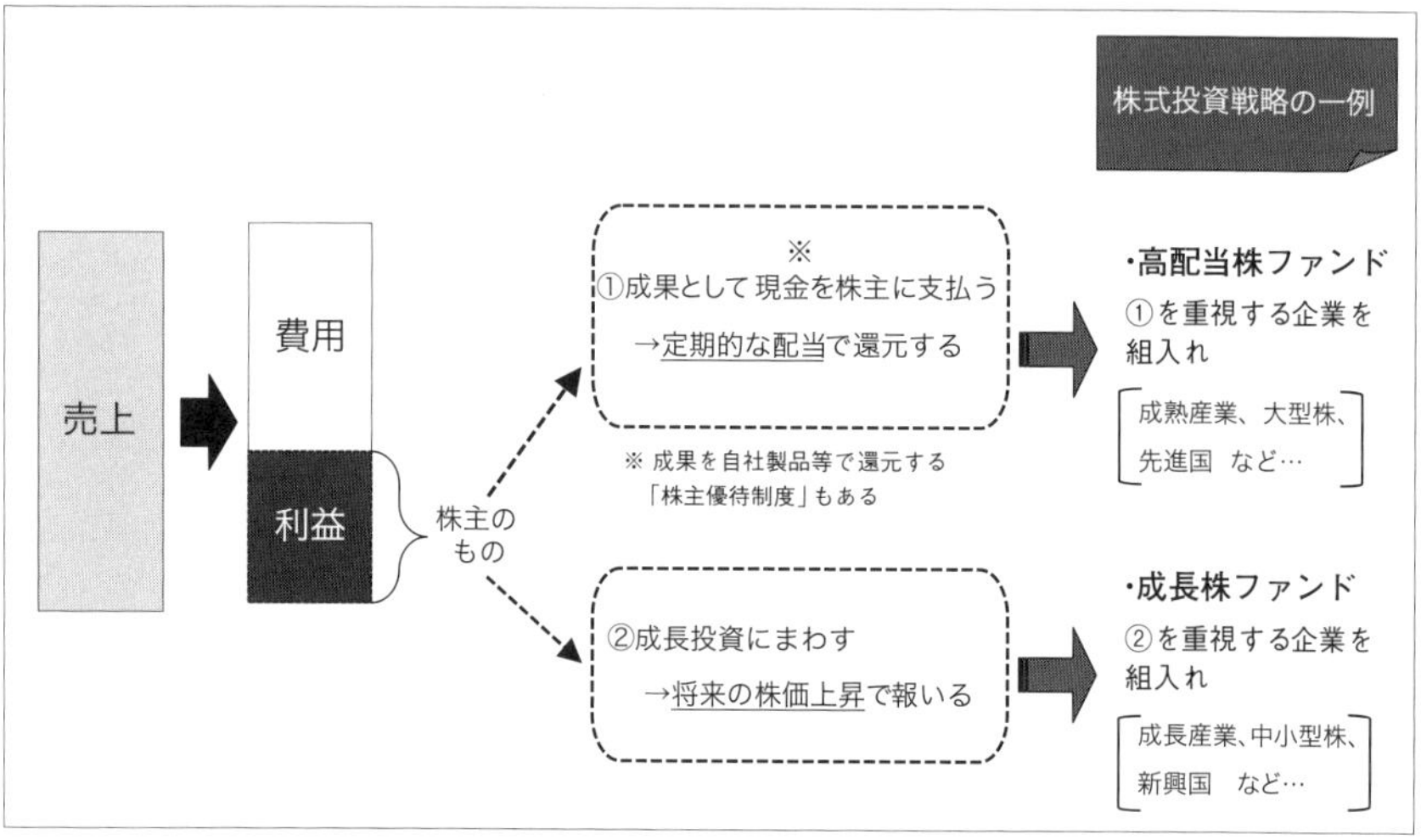
株式投資戦略の一例
売上
費用
利益
株主のもの
※
①成果として現金を株主に支払う
→定期的な配当で還元する
※ 成果を自社製品等で還元する
「株主優待制度」もある
②成長投資にまわす
→将来の株価上昇で報いる
・高配当株ファンド
①を重視する企業を組入れ
成熟産業、大型株、先進国　など…
・成長株ファンド
②を重視する企業を組入れ
成長産業、中小型株、新興国　など…

ここでのポイントは、**企業がその利益を株主に還元する2つの方法**（①定期的な配当、②将来の株価上昇）のうち、どちらが投資家にとって望ましいかは一概に言えないということです（**図表参照**）。

例えば、皆さんに二人の息子がいると想像してみてください。月々のお給料の中から少しずつでも定期的に仕送りしてくれるサラリーマンの長男と、今は仕送りする余裕はないがお笑い芸人として芽を出し始めた次男。どちらの息子が親孝行でしょうか？

不安定な次男より手堅い長男！と思うかもしれませんが、長男だって給料が下がれば仕送りできなくなるかもしれませんし、もしかしたら次男が漫才コンテストで優勝して超売れっ子になり、豪邸を建ててくれることになるかもしれません。結局、最後の結果が出るまで分かりませんよね。

ただし、企業サイドがその成長ステージに応じて①と②を使い分ける傾向はあります。一般に、成熟した企業では①を重視する一方、成長著しい企業では利益を事業に回して②を目指すというケースが多くなります。

また昨今の市場環境でいえば、金融危機後の株価低迷と金利低下が進む先進国市場では①に注目が集まりやすい一方、成長のスピードが速い新興国市場では②への期待が大きい状況です。

したがって、ひとくちに「株式ファンド」と言っても、その特性や市場環境などの違いから、様々な投資戦略があり得るのです。多くのお客様が「株式＝危険」というイメージでひとくくりにしてしまいがちですので、投資の目的に応じた選び方を知っていただく提案は有効だといえます。

攻めか守りか運用の「作戦」をチェック！

次に「株式ファンドの値動き」についての説明を考えてみましょう。

債券とは違って、株価は動くのが当たり前ですから、「株価の変動→ファンドの基準価額の変動」という図式自体は誰でもスムーズに理解できます。

むしろ難しいのは、株式相場の場合、業績見通しなどによって**個別銘柄の動き**に違いが出るという点です。この点は、相場全体の方向に対して、すべての銘柄が同じ方向に動く性格が強い債券相場との決定的な違いです。

ゆえに、株式ファンドの場合は**運用スタイル**のチェックが欠かせません。作戦によってはパフォーマンスにも大きな差が出ます。

運用スタイルは、ベンチマーク（運用の目標とする指標）を上回るリターンを目指す「アクティブ運用」と、ベンチマークに連動することを目指す「パッシブ（インデックス）運用」の2通りに大別できます。

アクティブ運用は、ファンドマネージャーの判断で銘柄を選ぶ「プロに任せる運用」ですから、ものさしとなる市場が上がるときにはより大きく、下がるときにはより小さく、が究極の目標です。

一方、パッシブ運用は、ファンドマネージャーの判断を伴わない「市場に任せる運用」ですから、市場の動きにどれだけ一致させられるかが勝負です。ベンチマークを上回ることが目的ではありません。ベンチマークが10％下落したら同じく10％下落するのが優秀なファンドということになります。

つまり、アクティブにしろパッシブにしろ、運用の良し悪しは「**ベンチマークとの闘い**」で決まるのです。お客様からすれば、手数料を払ってプロに任せたからには常にプラスを出してほしいというのが本音だと思いますが、どんなに優秀なファンドマネージャーでも、市場のリスクを完全に避けて勝ち続けることはできないものです。ファンドマネージャーが何をものさしに日々闘っているのかを伝えることによって、お客様のファンドを見る目も変わってくるに違いありません。

お客様への説明では、運用スタイルの特徴に触れながら、ファンドとベンチマークの値動きを比較してあげれば、ぐんと分かりやすくなるでしょう。

最近ではベンチマークの設定がないファンドもありますが、その場合は一度、運用報告書を見てみてください。基準価額の推移表の中に参考となる指標が掲載されていたりします。それもない場合は、運用状況に関するコメントをチェックしてみましょう。ファンドマネージャーが意識している市場の代表的な指数を参考にするのも１つの方法です。

ここがポイント

▼株式の「そもそも」から、特性の違いを知ってもらう
〜定期的な配当か、将来の株価上昇か

▼株式ファンドのファンドマネージャーが、何をものさしにどう闘っているのかを伝える
〜運用スタイルとベンチマークに注目！

12 「リートファンド」をどのように説明していますか？

この雑誌で特集している
リートなんだけど
おたくで扱って
いるのかな？
私どもでは 複数のリートに
分散投資する
「リートの詰め合わせ」のような
ファンドを取り扱っています
リートは配当が
高いと聞くけど
それは
どうしてなの？
リートの配当は賃料収入が
ベースになっています
賃料は比較的予測の立てやすい
安定した収入ですから
安定的な分配につながります
なるほど
加えて 不動産の賃貸・売買で
運用した利益のほとんどを
投資家に分配することにより
法人税が優遇される仕組みに
なっているので
高い配当が期待できるのです
それは有利だね
はい
ただし高配当だからといって
リスクがないわけでは
ありません
デメリットも一緒に
確認していきましょう

「2011年で丸10年を迎えた日本の金融商品は？」と聞かれたら、皆さんはすぐにピンときますか？　そう、答えは「Jリート」です。

リート（REIT＝Real Estate Investment Trustの略）はそもそも米国で生まれ、すでに約50年もの歴史がある金融商品ですが、その日本版であるJリートはわずか10年しか経っていませんから、日本ではまだ馴染みがないお客様が多いのも当然でしょう。

そこで、伝統的な「債券」「株式」に続く第3の資産として定着しつつある「リート」に注目し、リートファンド提案時に必要なポイントを改めてチェックしてみたいと思います。

直接不動産物件に投資してはいない!?

まず、はっきりさせておかなければならないのは、リートファンドにおける〝What（何に）〟の部分です。

「リートファンドが何に投資しているか知っていますか？」――セミナーなどで実際にお客様に尋ねてみると、皆さん元気よく「不動産！」と答えます。しかし、リートファンドは直接不動産物件に投資しているわけではありません。

では一体何に投資しているのか。国によって多少制度に違いはありますが、あえて単純化すれば「**賃貸専門の不動産会社の株にあたるもの**」と言えるでしょう。リートを分かりにくくしている一因は、この場合の「会社」のことも「株にあたるもの」のことも、同じく「リート」と呼ぶことが多いからだと思われます。

「賃貸専門の不動産会社」（以下、区別するために「リート会社」と呼びます）と言ったのは、「集めた資金で不動産物件を所有し、賃料収入を得る」という事業だけに限定した会社だからです。

そして、リート会社が発行する「株にあたるもの」（以下、「リート」と呼びます）が、一般企業の株式と同じように証券取引所に上場されており、投資家によって日々売り買いされ値段が動いています。つまり、リートファンドもまさに、市場で流通しているリートを売り買いする投資家の一人なのです。株式ファンドが株式に投資するように、リートファンドはリートに投資することによって、株式同様に「定期的な配当」と「将来の値上がり益」の獲得を目指しているわけです。

一般の株式会社とは配当の出し方が大きく異なる

ただし、リート会社には一般の株式会社との決定的な違いがあります。それは、「配当の出し方」の違いです。

一般の株式会社の配当は、法人税を取られた後の利益から出されます。当然のことながら、利益が少なければ無配当もあり得ますし、経営者の判断によっては利益を「儲けの蓄え」として会社に残し（＝内部留保）、不測の事態に備えたり、将来の成長投資に回したりすることもあります。

しかしリート会社の場合は、稼いだ利益のほとんど（国によって違いがあるが80～100％程度）を分配すれば、法人税が免除（あるいは優遇）されるという税制上のメリットがあるのです。これは、リートがそもそも、個人投資家にとって高嶺の花であった「大規模不動産投資」へのチャンスを与えるために生まれた仕組みであることに由縁していま す。

リート会社は、言ってみれば投資家のお金をまとめる**「お財布」**。銀行からの借入金を加えてお財布を大きくしたうえで、収益性の高い良い物件を選んで複数購入し、そこから得られる賃料収入や物件の入替えによる売却益等を投資家に分配する仕事だけをしている特別な会社です。

それなのに、「法人」であるという理由で、リート会社に入ってくる不動産収入に法人税が課税され、さらに投資家が受け取る配当金にも課税される「二重課税」では、不動産に直接投資した場合と比べて、課税上大きな差が生じてしまいますよね。

したがってリートは、一般企業の株式とは性質が異なります。リート会社は事業が限定されている分、成長も限定されることになりますから、本来の旨みは「値上がり益」よりも、「賃料をベースに比較的安定した高い配当」にあると考えられます。

金融危機時にリートが急落した要因は？

次に「リートの値動きの特徴」を確認しておきましょう。

債券や株式と同様、リートも市場で日々売買されるわけですから、当然、買いたい人が多ければ値段は上がり、売りたい人が多ければ値段は下がります。リートの場合、「①リート会社の利益が増える→②投資家に出す配当が増える→③リートを買いたい人が増える」という図式が基本ですので、①に直結する要因が重要です。

中でも影響が大きいのは、リート会社の収入の大半を占める「**賃料**」と、リート会社の大きな支出となる「銀行からの借入コスト（＝**金利**）」の動向です。賃料も金利も「**景気**」に左右されるものですから、リートの値動きも大きくは景気に左右されると言っていいでしょう。

とはいえ、リーマン・ショック前後のリートの値動きは、「景気」という理由だけで説明するには激しすぎます。

金融危機時にリートが急落に見舞われた要因は、リート会社の裏の顔から探ることができます。

すでにご説明したとおり、リート会社は法人税優遇の条件として利益の大半を分配するため、高い配当が期待できるという表の顔を持ちます。しかしそれは同時に、手元の現預金に乏しく、借入に頼りやすいという裏の顔につながります。ゆえに、世界的な信用収縮で市場や銀行からの資金調達が難しくなると、資金繰りが急に不安定になってしまうのです。

どんなに優良な物件を保有していても、資金が回らなくなれば破綻してしまう――リーマン・ショックでいったん動揺が広がると買い手はつかず、リートは売り一色となりました。一方、その後の巻戻しは、各国の緊急政策対応等によりリート会社の資金調達環境が急速に改善した影響が大きいと考えられます。

この時の教訓から、「借入をどんどん増やして物件を購入し、積極的な成長を目指す」というよりはむしろ、「借入比率を低く抑え、財務体質を強化して安定成長を目指す」路線に軸足を移すリート会社が多くなりました。

投資家にとってのリートは、金融危機を経て、ますます配当に注目した「利回り商品」としての性格を強めていると言えそうです。

ここがポイント

▼リートファンドの〝What（何に投資しているか）〟は、「リート」という金融商品！

～大規模不動産の間接的な「共同オーナー」になれる権利は、市場で自由に売買されている

▼リートの値動きを正しく伝えるために、リート会社の「仕組み」をしっかり押さえる

マンガで分かる！「納得感のある説明・提案」の切り口例

～3で読み解く投資信託

作戦は3つの方法で整理できます
まず1つ目は アクティブ運用かパッシブ運用かという「運用方法」の違いです

第4章

1 投資信託を支える3つの会社

前章で「投資信託のキホン」をしっかり見直してきましたので、本章ではより具体的に、「お客様への提案ノウハウ」をまとめていきましょう。

ここで、まず最初に皆さんに意識してもらいたいのが、マジックナンバーとも言われる**数字の「3」**です。

考えてみれば、3というのは不思議な数字です。天地人、心技体、走攻守、上中下、大中小、松竹梅――世の中の分類の多くが3つに分けられていますし、「ベスト3」や「三大〇〇」という表現も多く見かけます。

3が大活躍するのは、通常人間の短期記憶で処理しやすい容量が3つ程度だからと聞いたことがあります。確かに「2つでは少ないが、4つではちょっと多くて覚えられない。3つがちょうど良い」という感覚、ありますよね。

お客様への説明・提案においては、いかに印象に残り、覚えてもらえるかが大切ですが、こちらが一方的に話してもなかなか相手には伝わりません。基本的な数として3を意

■ 販売会社（証券会社、銀行など）
■ 委託会社（投信運用会社）
■ 受託会社（信託銀行など）

❶
投資信託っていくつも会社が出てくるから分かりにくいんだよなぁ
ほんと 聞き慣れない言葉ばかりね
❷
そんなことはございませんよ まずは全体像を押さえましょう
投資信託に登場する会社は全部で3つあります
3つ？
❸
販売・運用・保管のそれぞれの機能が 専門機関による分業体制になっているんです
ほう
❹
例えば このパンフレットを作成しているのは運用を担当する会社ですが
お客様に交付し説明するのは私ども金融機関の役割です
ぱら
❺
実は分業体制をとることで3つの役割を担う会社のどこかが破たんした場合でも投資家の資産が保全される仕組みが整っています
❻
もちろん投資信託は元本保証ではありませんが資産の保全という点では安心できる商品といえます
なるほど！

識して内容を整理することは、分かりやすさにつながり大変効果的です。

実は面白いことに、投資信託もこの3という数字にとてもお世話になっています。そこで本章では、**投資信託を取り巻く「3」**を8回にわたって読み解きながら、具体的な切り口を整理していくことにしたいと思います。

資産運用を料理に例えて説明!?

さて、1回目に取り上げる「投資信託の3」は、投資信託を支える3つの会社についてです（日本において主流である「契約型公募投資信託」の場合で説明します）。

投資信託という商品は、**①販売会社（証券会社、銀行、郵便局など）**、**②委託会社（投資信託の運用会社）**、**③受託会社（信託銀行など）**、という3つの会社によって成り立っています。

いくら「3つは分かりやすい」と言っても、聞き慣れない言葉には戸惑うものです。ただし、仕組みそのものはシンプルなので、3社のそれぞれの役割をしっかり押さえれば決して難しくはありません。そのためには、身近な例に置き換えて説明するなど工夫して、お客様にまず全体像を把握してもらうとよいでしょう。

ちなみに、私はよく資産運用を料理に例えて説明します。個人で行う運用を「主婦の家庭料理」とすれば、投資信託はいわば「レストランのシェフが作る料理」といったところでしょうか。

図表　契約型投資信託を支える3つの会社とお金の流れ

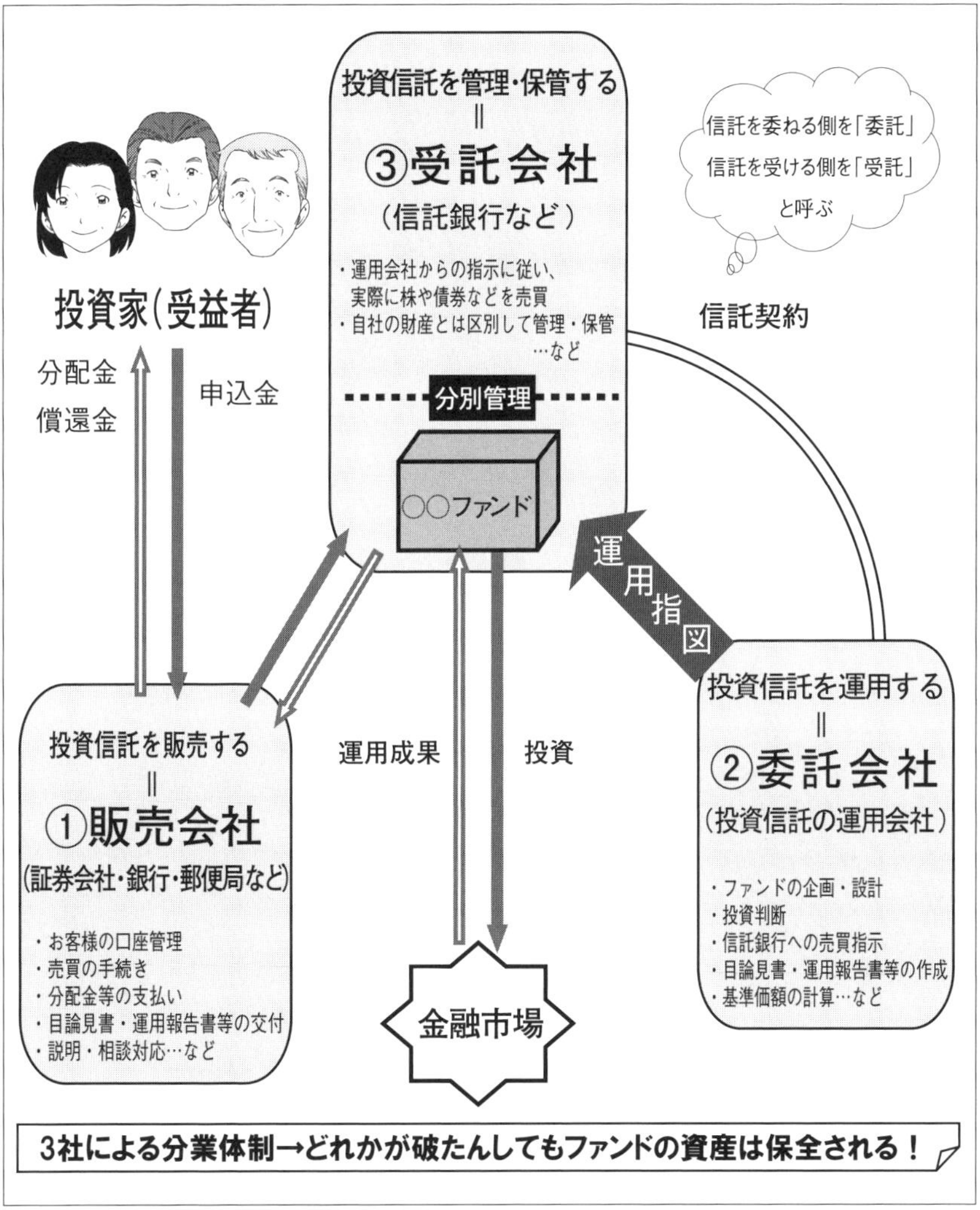
投資信託を管理・保管する
＝
③受託会社
（信託銀行など）
・運用会社からの指示に従い、実際に株や債券などを売買
・自社の財産とは区別して管理・保管…など
分別管理
○○ファンド
信託を委ねる側を「委託」
信託を受ける側を「受託」
と呼ぶ
信託契約
投資家（受益者）
分配金
償還金
申込金
運用指図
運用成果
投資
投資信託を販売する
＝
①販売会社
（証券会社・銀行・郵便局など）
・お客様の口座管理
・売買の手続き
・分配金等の支払い
・目論見書・運用報告書等の交付
・説明・相談対応…など
金融市場
投資信託を運用する
＝
②委託会社
（投資信託の運用会社）
・ファンドの企画・設計
・投資判断
・信託銀行への売買指示
・目論見書・運用報告書等の作成
・基準価額の計算…など
3社による分業体制→どれかが破たんしてもファンドの資産は保全される！

「市場（いちば）」で調達できる食材は、どんなに有名なシェフでも家庭の主婦でも同じです。ただし、家庭の主婦の場合、魚市場の朝のセリに乗り込んで「サンマ三匹ください」とは言えませんから、近所のスーパーで買います。当然割高になりますし、自分でさばく技術も必要になります。

一方、レストランのシェフはどうでしょう。市場に直接出向き、素材を吟味してまとめ買いできますから、良いものが安く手に入ります。その代わり、手数料を織り込んだ値段で顧客に提供する以上、一定水準の味を保つプロとしての料理でなくてはなりません。

金融商品の仕組みも、実はこれと同じです。株式市場、債券市場、為替市場。同じ「市場」でも読み方は「しじょう」に変わります。そこから金融商品の素材となる株や債券や為替を組み合わせて運用します。素材そのものは、個人もプロも変わりません。

そして、先ほどのレストランのシェフにあたるのが、投資信託を運用するファンドマネージャーであり、そのシェフが腕によりをかけて作る料理が、まさに「投資信託（ファンド）」なのです。

全体像をイメージできたら3社の具体的な説明に入る

この「投信レストラン」のすごいところは、料理（＝ファンド）を選んで味わう客席（＝①販売会社）と、料理を作る厨房（＝②委託会社）と、料理を貯蔵しておく倉庫（＝③受託会社）の３つが、完全な分業体制になっているという点です。

したがって、客席や厨房に火災（＝破たん）があっても、料理が燃えてしまうことはありません。また、万が一「倉庫」に問題が発生した場合でも、特殊な仕切りで倉庫内の他の食材からは切り離されている（＝法律により分別管理されている）ので、一人ひとりの料理はしっかり守られる仕組みになっているのです。

このように、全体像がイメージできた後、3社がそれぞれどんな役割を果たしているのか、分業体制をとる利点は何か、といった具体的な説明につなげれば、お客様の理解もスムーズになります（主なポイントは145ページ**図表**参照）。

「自分の口数や残高は、どこに聞けば教えてもらえますか？」「ファンドのお金はいったいどこに保管されているのかしら？」――お客様からの素朴な疑問の中には、3つの会社の役割を知ることで解決できるものも多くあります。

焦らず、慌てず、あきらめず、「急がば回れ」の気持ちでお客様に丁寧に伝えてみてください。

？「慣れない用語にお客様が戸惑うケースでは…？」

▼身近な例に置き換えた説明などにより、苦手意識をできるだけ取り除く
▼細かな点は後回し！
～まずは全体像を把握してもらう

2 投資信託にかかる3つのコスト

「投資信託の3」の2回目は、お客様の注目度も高い「投資信託のコスト」についてです。

投資信託に限らず、お客様はコストを嫌います。コストはお客様にとってマイナスに働くものだからです。販売担当者も、コストについては「いくらかかるのか」ばかりを説明してしまいがちです。

しかし当然のことながら、コストがかかるのにはそれなりの理由があります。そのコストが「何のためにかかるのか」をしっかり理解してもらえれば、お客様の納得感も深まるに違いありません。

投資信託の場合は、1回目に取り上げた「投資信託を支える3つの会社」と関連づけて、「いつ」をキーワードに、3つのコストの行き先を考えると分かりやすくなります。150ページの**図表**を参考にしながら具体的に整理していきましょう。

■ 購入時手数料（販売手数料）
■ 運用管理費用（信託報酬）
■ 信託財産留保額

投資信託って手数料がかかるから二の足を踏んじゃうのよね…
そうおっしゃる方が多いですが投資信託ほど透明性の高い商品はないと思いますよ
透明性？
どの銘柄を保有しているかは一定期間ごとに開示しますし
かかる費用も最初から事細かに決められています
でもいろいろな費用がかかるんでしょう？
投資信託のコストは入口・出口・保有中の3つに分けて考えると分かりやすいですよ
入口の手数料って銀行にお支払いするものよね？
ファンドの費用
はい 人手を介さないネット取引では割安なケースもあるようですが私どもではいただいた分お客様の疑問にしっかりお答えしてまいります
出口の費用は「途中退場料」としてファンドの中に残していただくものです
保有中の費用は運用に対する報酬としてご負担いただくものです
なるほど

図表　投資家が投資信託の取引を行う際に負担する主な3つのコスト

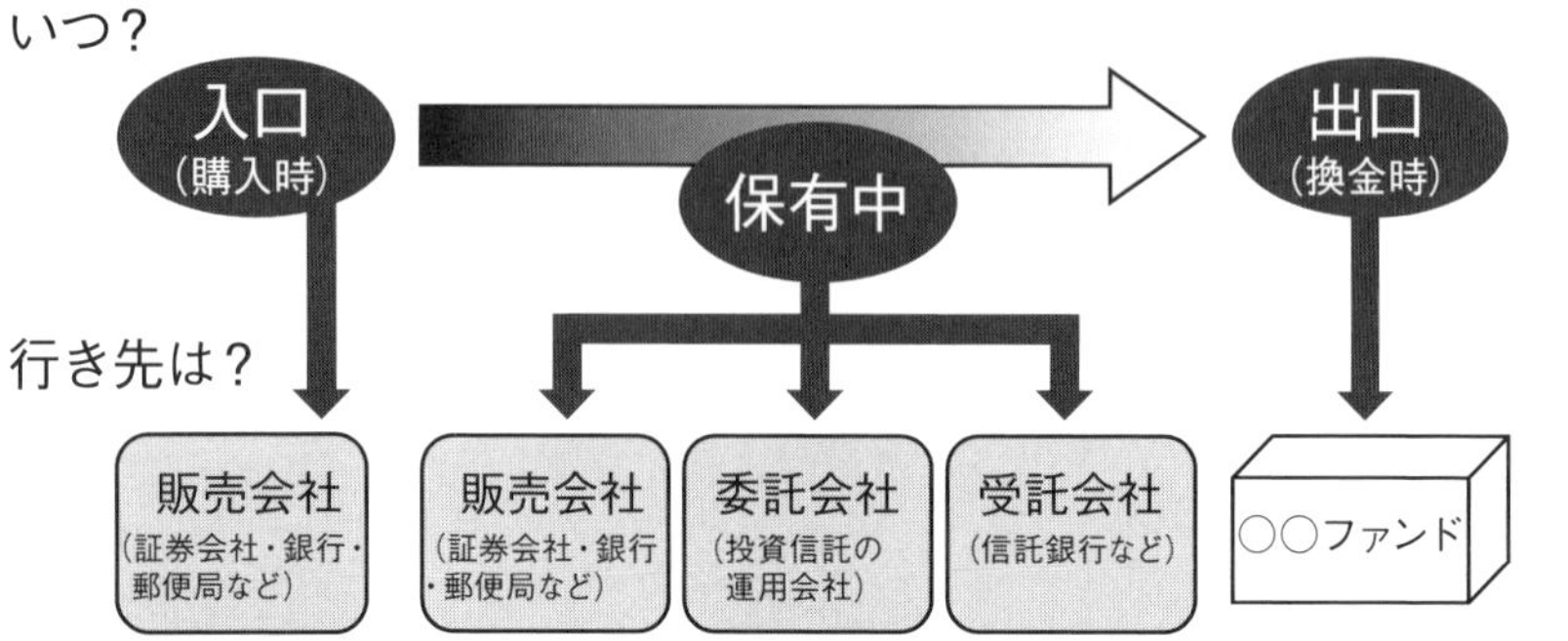
いつ？
入口
（購入時）
保有中
出口
（換金時）
行き先は？
販売会社
（証券会社・銀行・郵便局など）
販売会社
（証券会社・銀行・郵便局など）
委託会社
（投資信託の運用会社）
受託会社
（信託銀行など）
○○ファンド

購入時手数料（販売手数料）

運用管理費用（信託報酬）

信託財産留保額

※不要なファンドもある。
また、償還時にはかからない

（パンフレット等の記載例）

「購入価額に、3.24％（税抜3.0％）を上限として各販売会社が定める手数料率を乗じて得た額とします。
詳しくは販売会社にお問い合わせください」

（パンフレット等の記載例）

「ご換金申込日の基準価額に0.1％を乗じて得た額とします」

（投資信託説明書の記載例）

総額	信託財産の純資産総額に対して年率1.458％（税抜1.35％）	
配分	委託会社	年率0.702％（税抜0.65％）
	販売会社	年率0.702％（税抜0.65％）
	受託会社	年率0.054％（税抜0.05％）

※上記の料率は、実際に存在するファンドを参考に具体例として示したものであり、すべてのファンドに適用される料率ではありません。
※上記は代表的なコストを列挙したものであり、さらにその他費用等（監査報酬、保管費用等）が信託財産から支払われます。また、この他にも費用等がかかる場合があります。なお、税金については考慮していません。

高い手数料に見合うだけの説明やサービスが必要！

では、投資信託のコストはいつかかるのか。大別すれば**「入口」「出口」「保有中」**の3つです。

まず1つ目が「入口（購入時）」でかかる**「購入時手数料（販売手数料）」**。その名のとおり、購入時の1回のみ、お客様が販売会社に対して直接支払うもので、すべて販売会社の収入となります。

購入時手数料率の上限は、リスク・リターンの観点などから運用会社が決めるものの、実際の手数料率はその範囲内で各販売会社が独自に決めています。したがって同じファンドでも、取扱販売会社によって手数料率は異なることがあります。ネット証券など販売時に人手を介さない場合には割安になるケースが多いようです。また、一部のファンドには、購入時の手数料がかからない「ノーロード（no load）」と呼ばれるものもあります（ちなみにloadとは「負担」を表す英単語で、金融商品では「手数料」の意味になります）。

時々、販売員の方から「販売手数料が高いファンドは売りにくい」という声を聞きますが、手数料が高いということは、それだけ複雑な内容を噛み砕いて説明したり、値動きをフォローしたりする必要があるということです。「手数料に見合うだけの説明やサービスをさせていただく」という覚悟があれば、その思いはきっとお客様にも届くはずです。

2つ目は「出口（換金時）」でかかる**「信託財産留保額」**です。換金時の1回のみ、お客様が直接支払うものですが、入口との最大の違いは、投資信託に関わる3つの会社のどこかに入る手数料ではないということです。手数料ではないので消費税もかかりません。

では、信託財産留保額の目的は何か。簡単に言えば「途中退場料」のようなものです。お客様がファンドを途中解約すると、ファンド側は払戻しに使う現金を用意するために、保有している株式や債券などを売却する必要が出てきます。このときの売却コストはファンドの負担となり、ほかの受益者にシワ寄せがいくため、不公平が生じないように途中解約者にも負担してもらうという趣旨です。

信託財産留保額はファンドの中に組み入れられ、後に残るほかの受益者のものになります。したがって、信託財産留保額が高いファンドは、途中解約が多いほど留保額収入で儲かるという皮肉な結果を生むこともあります。

長く保有するなら「見えないコスト」に注意

3つ目は「保有中」にかかる「**運用管理費用（信託報酬）**」。お客様が運用に対する報酬として支払うもので、運用を行う委託会社（投信運用会社）、レポートの郵送などの事務手続きを行う販売会社（銀行など）、資産を保管している受託会社（信託銀行）の3社で分け合います。料率は商品側で決められており、どこの販売会社で購入しても変わりません。

ただしこれは「入口」「出口」のコストとは違って、保有期間中ずっとかかります。また、お客様が直接ではなく、間接的に負担するコストです。

150ページの**図表**のように、投資信託説明書には「年率○％」という総額が書かれていますが、実際は日々の基準価額を算出する際に料率の1日分（365分の1）が差し引かれています。毎日公表される基準価額はすでに信託報酬が差し引かれた後の数字なので、実感しづらいかもしれませんが、ファンドを長く保有するつもりなら、この「見えないコスト」にも注意が必要です。販売手数料が3％のファンドの場合、10年間保有すれば1年あたり0・3％の負担となりますが、信託報酬の負担は継続的にかかるからです。

販売手数料が安くても信託報酬が高いファンドについては「〝初期費用無料〟に惹かれて契約したインターネット回線なのに、月々の利用料がかさみ、トータルでは高くついてしまった」といった例で説明するのも有効でしょう。

投資信託は、他の金融商品に比べてコストが明快に示されている分、逆に批判の対象になりやすいのかもしれません。だからこそ、お客様にはコストの意味を正しく伝え、コストを考えたうえでパフォーマンスを判断してもらえるよう注力していきたいものです。

？「マイナスイメージの『コスト』を説明するケースでは…？」

▼何のために必要なのか、まずはその「理由」を丁寧に伝える
▼お客様の疑問・反論が予想される点は、あらかじめ話法を準備しておく

3 ファンド選びの3つのポイント

長引く低金利にあえぐ個人の資産運用を手助けするツールの1つとして、投資信託は近年飛躍的な伸びをみせてきました。

投資信託協会のデータによると、2012年4月末現在、「国内契約型公募投資信託」の数は4288本。毎年500本前後のファンドが新しく設定される一方、200本前後のファンドが償還を迎えていると言われていますので、年間300本程度のファンドが純増していることになります。これだけ膨大な選択肢の中から自分に合った1本を選ぶのは、お客様にとって至難の業です。

そこで「投資信託の3」の3回目は、ファンドを選ぶときに押さえておきたいポイントを取り上げたいと思います（156ページ**図表1**参照）。

投資目的がはっきりすれば投資期間もおのずと決まる

1つ目のキーワードは「**何に**」。まずは何の資産に投資するのかをチェックするところ

■何に
■どこに
■どのように

投信を買いたいのだが せっかくだから一番人気のある ファンドを教えてくれない？
皆が買っているファンドなら 安心よね
三浦様 ファンドを選ぶときに 最も重要なことは 自分に合った ファンドを選ぶということです
自分に合った ファンド？
流行のファッションが誰にでも 似合うとは限らないように
人気があるファンドでも それが三浦様にとって 良いファンドとは限りません
どのように選んだらいいのかな？
ポイントは 3つあります
「何に」「どこに」 「どのように」投資するかを チェックすることです
『何に』は投資対象 『どこに』は投資地域 『どのように』は運用方法の ことです
例えば『何に』では 投資目的をはっきりさせることで 投資期間も判断できます
それにより どの程度のリターンが必要か どの程度リスクを取れるのかも 決まってくるため 自分に合った 投資対象を選べるのです
なるほどね

図表1　ファンド選びの3つのポイント

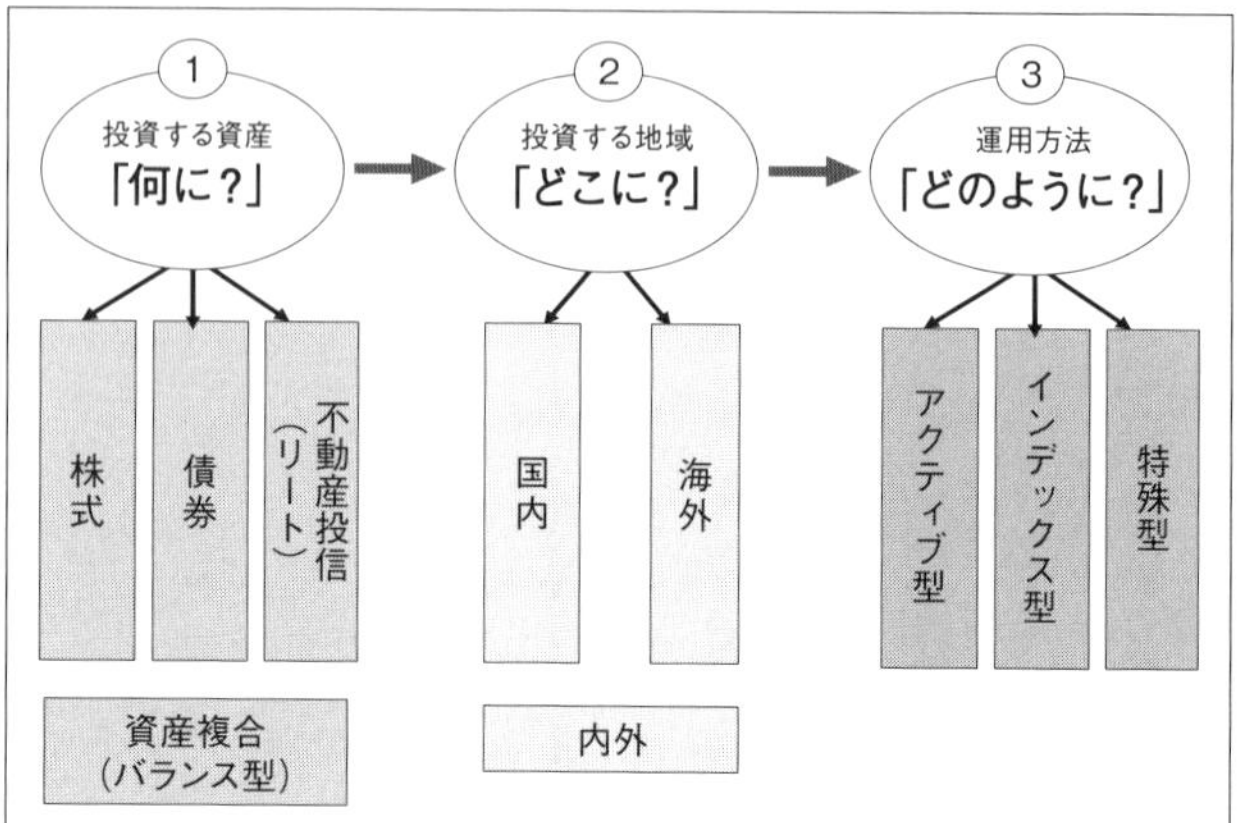

1
投資する資産
「何に？」
2
投資する地域
「どこに？」
3
運用方法
「どのように？」
株式
債券
不動産投信（リート）
資産複合（バランス型）
国内
海外
内外
アクティブ型
インデックス型
特殊型

※上記はあくまで概念であり、一般的な考え方を示したイメージ図となります。
※分類方法は投資信託協会の商品分類表を参考にしています。

から始まります。

「そんなの当たり前だ」と思うかもしれませんが、実際には「売れ筋1位だから」などという理由で「投資対象」ではなく「投資現象」を見て購入しているお客様が少なくありません。しかし、株式なのか債券なのかといった、投資対象となる資産が何かによって、リスクとリターンの大きさも値動きの要因も大きく異なります。

だからこそ「何に」を考えるうえでは、「**自分が何のために投資するのか（＝投資目的）**」をしっかり意識しておくことが重要です。投資の目的がはっきりすれば、「**資金が必要になる時期（＝投資期間）**」もおのずと決まります。投資の目的と期間が決まれば、どの程度リターンが必要となるのか、どの程度リスクを取ることが可能なのかも決まってくるため、自分のプランに合った投資対象を選ぶことができるのです。

2つ目のキーワードは「**どこに**」。これは国内か海外か、国内と海外の組み合わせか、海外でもどの地域なのかということです。どこを投資地域に選ぶかによって「為替」の影響が決まります。このとき注意したいのが、「海外」を選んだ場合でも、為替変動の影響を抑えられるケースがあるということです。これが「**為替ヘッジ**」という仕組みです。

図表2　海外資産への投資における値動きのイメージ

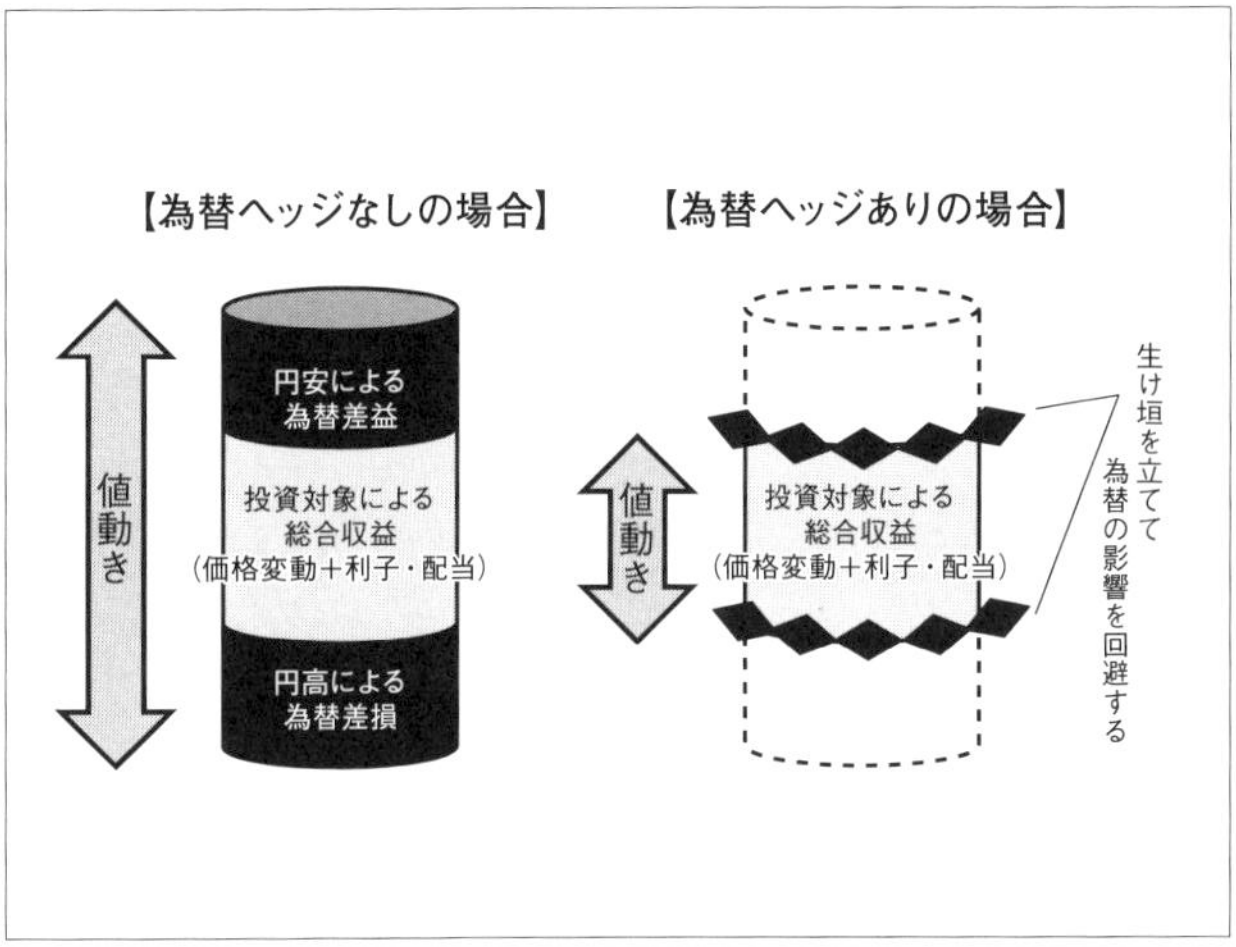
【為替ヘッジなしの場合】
値動き
円安による為替差益
投資対象による総合収益（価格変動＋利子・配当）
円高による為替差損
【為替ヘッジありの場合】
値動き
投資対象による総合収益（価格変動＋利子・配当）
生け垣を立てて為替の影響を回避する

「ヘッジ（hedge）」は元々、「庭の境を示す、低めの生け垣」を表す英単語です。きちんと境界が区画されているとトラブルが避けられるという意味から転じて、為替などの相場の変動リスクを「回避する」という意味で使われるようになったと言われています。

為替ヘッジでは一般に「為替予約」という手法が用いられます。為替予約は、将来の為替レートを今決めることができる取引です。海外資産に投資すると同時に、為替予約を使って、将来の一定期日にあらかじめ決めておいた為替レートで外貨と円を交換することを現時点で契約してしまうのです。これにより、その後円高が進んだ場合でも為替差損を回避することができます。しかし一方で、円安が進んだ場合に、為替差益を得ることはできなくなります。

海外資産に投資する投資信託は**「為替ヘッジあり」**と**「為替ヘッジなし」**の2つのタイプに分類できます。「為替ヘッジあり」の説明では、「〝投資対象による総合収益〟の周りに〝生け垣〟を立てて、円安・円高によるプラス・マイナスの影響を回避する」とイメージしてもらうと分かりやすいでしょう（157ページ**図表2**参照）。

ただし、為替ヘッジを行うにはコストがかかります。この「ヘッジコスト」は、販売会社等にお客様が支払う手数料ではなく、日本と投資国の短期金利差から、マーケットで取引をする際に当然に発生してしまうものです。つまり「生け垣」はタダで立てられないというわけです。したがって「為替ヘッジあり」を選択する場合は、負担するヘッジコストを上回る収益が期待できる資産と組み合わせることがポイントになります。

運用方法でリスクの取り方も期待するリターンも変わる

3つ目のキーワードは**「どのように」**。これはどのような方法で運用を行うかということです。

投資信託はそもそも「投資を信じて託す」ものですから、ファンドマネージャーが独自の手法で銘柄を選び、積極的に運用する「アクティブ型」が主流です。

一方、ファンドマネージャーの判断で銘柄を選ぶのではなく、市場をそっくりそのまま忠実に再現することを目指す「インデックス型」という運用もあります。日経平均やTOPIXといった各種指数に連動する運用成果を目指すファンドがこれに該当します。

また「日経平均株価の水準が一定の範囲に収まれば、元本が確保される…」などのように、投資家に注意喚起が必要な仕組みを使った「特殊型」の運用もあります。「どのように」に注目されるお客様はまだ少数ですが、運用方法によって、リスクの取り方も、期待できるリターンも大きく変わってくることを、最初の段階で知っていただくことが大切でしょう。

いかがでしょうか？　このように３つのキーワードで分類するだけでも、約４０００本の投資信託がずいぶんと整理され、ファンド選びが一歩進むと思いませんか？

残念ながら、すべてのお客様にピッタリ合うファンドは存在しません。お客様に合う一本を、一緒に丁寧に探していくことが皆さんの役割なのです。

「お客様がファンド選びに苦戦するケースでは…？」

▼まずはお客様の「頭の整理」！

〜3つのキーワードを使ってファンドを分類する

▼「投資現象」よりも「投資目的」！

〜〝あなたにとって良いファンド〟を探してもらう

4 「何に」を代表する3資産

3回目にファンド選びをスムーズに進めるための3つのキーワード（何に・どこに・どのように）をご紹介しました。しかし、ファンドを分類しただけで安心してしまってはいけません。お客様が具体的な「選択」を行うためには、それぞれのキーワードの中身をさらに掘り下げて伝える必要があります。

そこで「投資信託の3」の4回目は、1つめのキーワードである「何に」に着目してみましょう。個人投資家が一般的に投資可能な資産の種類を考える場合、市場の大きさ、流動性、整備状況などから、何と言っても柱は「**債券**」と「**株式**」です。ただし最近は、この両横綱に「**リート**」を加えた3資産で考えるのがスタンダードになっています。「何に」を代表する3資産の特性が整理できれば鬼に金棒です。

各資産ごとのそもそもの性格の違いとは!?

162ページの**図表1**は、過去10年間のアセットクラスごとの年間リターンを示していま

■債券　■株式　■リート

ファンドによってずいぶん運用成績が違うのね
運用はファンドマネージャーの腕次第だからね
ファンドマネージャーの腕を比べる前にぜひ――
「何に」投資しているファンドかチェックしましょう
「何に」投資するって…？
「何に」を代表する3資産は債券・株式・リートです
実は それぞれの資産によってアップダウンの大きさが違います
株式は値動きも大きいので債券より好成績になることもあるのですが その分リスクも大きいんです
また 景気のサイクルを考えることも大切です
景気が良くなると株式のほうが不景気時には債券のほうが成績が良くなるとされています
その中間的な役割を期待できるのがリートです
なるほど 何の資産に投資するかが重要なんだね それぞれの特徴を もっと詳しく教えてくれるかい？
かしこまりました

図表1　6つのアセットクラスの年間リターン（過去10年分）

	2002	2003	2004	2005	2006	2007	2008	2009	2010	2011
国内債券	3.3%	−0.7%	1.3%	0.8%	0.2%	2.7%	3.4%	1.4%	2.4%	1.9%
海外債券	10.3%	5.7%	7.3%	10.1%	10.0%	4.5%	−15.5%	7.4%	−12.7%	0.2%
国内株式	−17.5%	25.2%	11.3%	45.2%	3.0%	−11.1%	−40.6%	7.6%	1.0%	−17.0%
海外株式	−27.7%	19.3%	12.1%	22.6%	23.7%	6.6%	−53.4%	35.6%	−0.9%	−8.4%
国内リート	9.4%	26.4%	31.9%	12.1%	28.8%	−3.1%	−48.6%	6.2%	34.1%	−22.2%
海外リート	−2.6%	25.5%	27.9%	27.7%	40.9%	−17.8%	−56.1%	39.6%	5.8%	−2.0%

※上記データは、各アセットクラスを代表する指数から算出
※「海外」については、日本を除く先進国を中心とした指数の円ベース（あるいは円換算ベース）を使用

す。アセットクラスとは、同じような収益率やリスクを持つ資産グループのことです。ここでは債券・株式・リートの3資産を、為替リスクを取るか取らないかでさらに国内・海外に分け、全部で6種類に分類しています。

図表1をしばらくじっくり眺めてみると、2つの事実が見えてくるはずです。①資産によってアップダウンの大きさが全く違う、②常に勝ち続ける市場はなく、上下のタイミングはばらける――これらを単に「そういうものだ」と片付けてしまうのではなく、「**なぜそうなるのか**」という目線で解きほぐしていくことが大切です。

①をひも解くカギは、それぞれの資産の性格の違いにあります。

債券を買うということは、「国や企業にお金を貸すこと」です。借金は、いつまで・いくらの利子で貸すのか、初めに約束があって成り立つものですから、貸した相手が潰れない限りは定期的に利子収入があり、

満期には額面金額が返ってきます。債券は、価格変動のブレも小さく、ローリスク・ローリターンの代表といえます。

一方、株式を買うということは「企業のオーナー（株主）になること」です。お金を貸すわけではありませんから、満期が来たら返してもらえる、というものではありません。これが債券との根本的な違いです。株式は、会社の経営が失敗すれば紙くずになりますが、会社が着実に成長すれば、株価の上昇や利益の分け前としての配当という恩恵を受けられます。債券では実現できない大きなリターンが期待できる半面、価格変動のブレも大きい、ハイリスク・ハイリターンの代表です。

リートは、大雑把に言えば仕組みは株式と同様です。リートを買うということは「リート会社のオーナーになること」です。ただし、リート会社は普通の株式会社とは違って、集めた資金で不動産を購入し、そこから生じる賃料や売却益を投資家に配分することだけに特化した会社です。事業が限定されている分、リスクも成長も限定されると考えれば、理論的には株式よりも値動きが小さくなると想定されます。

また、リートの配当は、債券の利子ほど約束されたものではありませんが、賃料収入がベースになっているため、株式の配当に比べれば比較的安定しています。したがってリートは、本来の性格からは、ミドルリスク・ミドルリターンの位置にくると考えられます。

お客様が自分の目的に合ったファンドに辿りつくためには、各資産のそもそもの性格の違いがブレの大きさの違いを生み出すという点をきちんと納得いただくことが必要です。

図表2　景気サイクルと代表的な3資産の値動きのイメージ

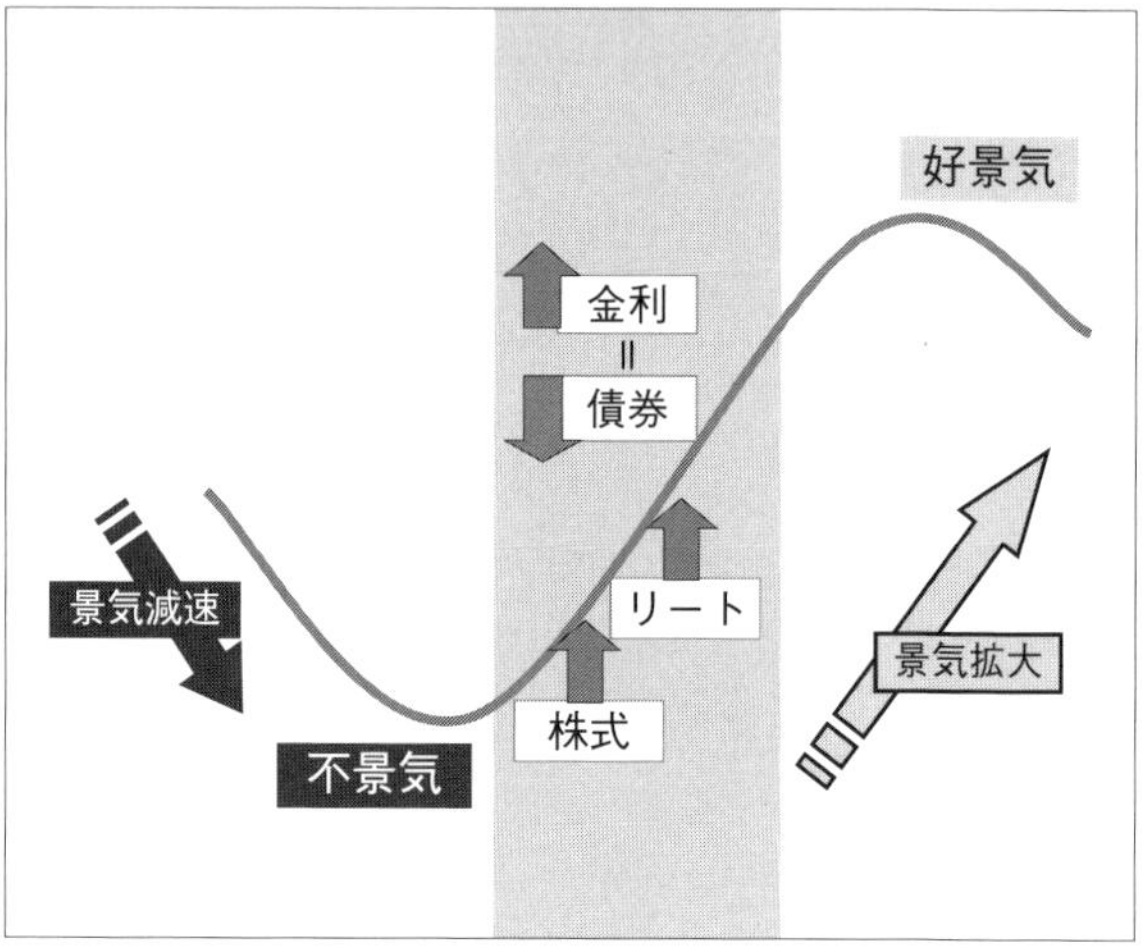
好景気
金利
＝
債券
リート
株式
景気減速
不景気
景気拡大

景気が良くなっていく場面で最初に反応するのはどれ!?

②をひも解くカギは、**景気サイクル**にあります。

図表2は一般的な景気の波を表したものです。経済はいわば、人間の売りたい・買いたいという欲望が織りなすドラマですから、今の資本主義という枠組み自体が壊れない限り、景気は必ず循環して動いていきます。

例えば、不景気の底から景気が徐々に良くなっていく場面を考えてみましょう。債券・株式・リートの3資産にはどのような動きのクセがあるでしょう?

最初に反応すると考えられるのは株式です。景気が良くなり、たくさんモノが売れ、企業の利益が増えれば、当然株価は上昇します。賢い投資家は、景気循環が底を打ったと思ったら真っ先に株を買います。これが「株価は景気に先行する」と言われる所以《ゆえん》です。

リートも、景気が良くなり、不動産市況の回復が見込まれれば、価格は上昇します。ただし、収益の大半は賃料収入であり、「賃料は景気に遅行する」という傾向がある分、株価より動くタイミングが少し遅れると考えられます。

債券は、株式やリートとは動く方向そのものが逆です。景気が良くなり、お金を借りてでも消費や設備投資をしようという動きが強まれば、お金のレンタル料である金利は上昇していきます（「金利が上がれば債券の価格は下がる」については、第3章⑩を参照）。

もちろん、実際のマーケットの動きはそんなに単純なものではなく、ここで説明した動きはあくまでも教科書的なお話です。しかし、原則を理解せずして例外は理解できません。

値動きの大きさも方向性も、すべては「何に」が左右します。ファンド選びの肝はアセットクラス選びだということを、ぜひ心に留めておいてください。

？「『何に』を掘り下げて説明する場合は…？」

▼3資産のそもそもの性格を横比較！
～ブレの大きさが異なる意味を知ってもらう
▼3資産の動きのクセをつかむ！
～値動きの特徴を、景気サイクルとともに理解してもらう

5 「どこに」を代表する3通貨

第二次世界大戦後の1ドル＝360円（固定相場）時代が終わって40年あまり。円相場は一時1ドル＝75円台に突入するなど戦後最高値を更新しました。当時から、円は実に5倍近く値上がりしたことになります。

孔子の有名な言葉に「四十にして惑わず（人は40歳になれば迷わない）」とありますが、円相場は40年の時を経て、むしろ惑っているようにもみえます。いまや投資信託の主力は海外モノですから、基準価額にマイナスの影響を与える円高の進行に、お客様の戸惑いも大きいことでしょう。

そこで「投資信託の3」の5回目は、ファンド選びに欠かせない3つのキーワード（何に・どこに・どのように）の中から、「どこに」に着目してみましょう。「どこに」の選択によって、「為替（通貨）」の影響が決まります。

最近の売れ筋ファンドの通貨をみると、豪ドルやブラジルレアルが圧倒的な人気となっていますが、「どこに」を代表する3通貨といえば、やはり通貨の世界で圧倒的シェアを

■ドル　■ユーロ　■円

ブラジル
ブラジルに投資するファンドの購入を考えているんだけど…
ブラジルレアルのレートって新聞に出ていないし情報も少ないよね
そうですね ただ中長期での運用をお考えでしたら日々の値動きよりもトレンドをつかむことのほうが重要です
トレンド?
相場の大きな流れのことです
世界の為替市場における主要通貨はドル・ユーロ・円の3つ
この3通貨は圧倒的なシェアを持ちますから まずはこれらの値動きに注目してみましょう
例えば 基軸通貨であるドルに売り材料がある場合——
通常は取引量が多く流動性の高いユーロが 最初の受け皿候補になりますが…
今みたいに同時に欧州の不安材料も大きければ円に資金が向かうね
はい「円買い」が相場の主語になります
対ドル 対ユーロで円買いが強まれば 取引量が多いため為替相場全体に与える影響も大きく 対レアルでも円買いが進みやすくなります
つまり 円高レアル安というわけです
なるほど よく分かったよ

図表1　為替市場における取引高の通貨ペア別シェア

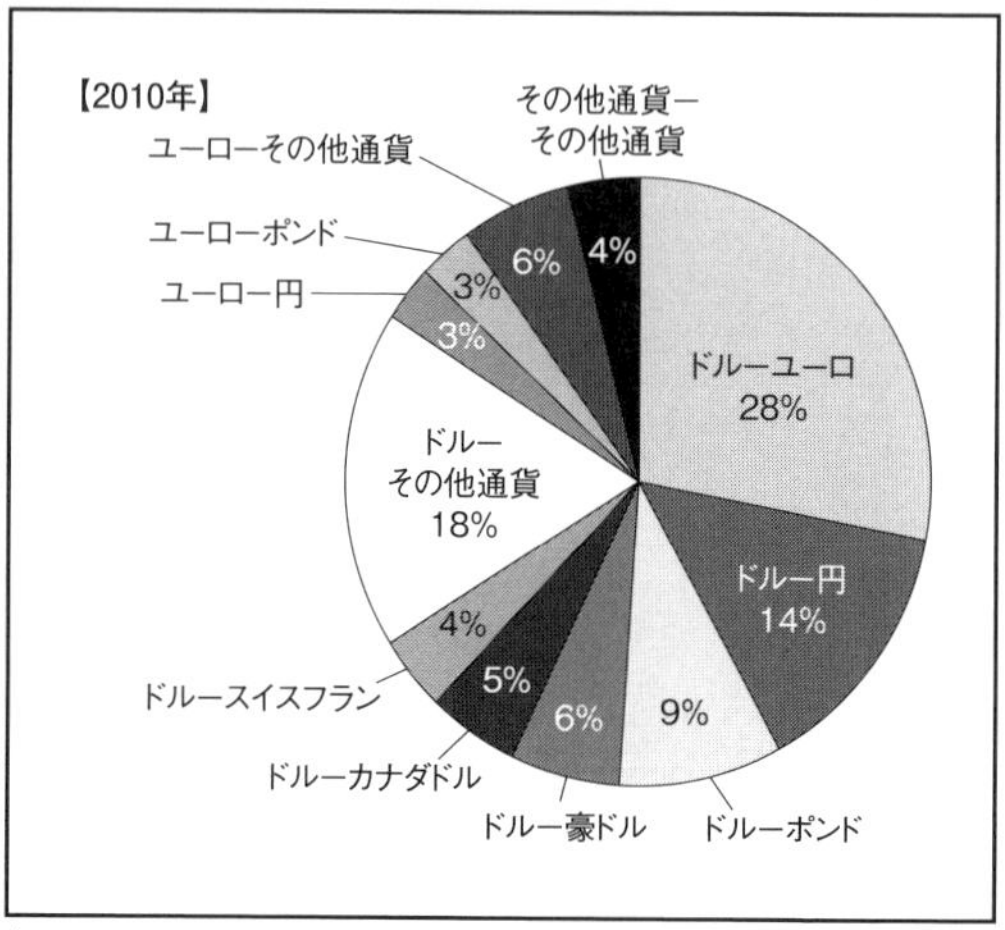
【2010年】
その他通貨ー
その他通貨
ユーローその他通貨
ユーローポンド
ユーロー円
4%
6%
3%
3%
ドルーユーロ
28%
ドルー
その他通貨
18%
ドルー円
14%
4%
5%
6%
9%
ドルースイスフラン
ドルーカナダドル
ドルー豪ドル
ドルーポンド

（BIS　2010年４月調査より）

持つ**ドル・ユーロ・円**です。

3年に1度発表される国際決済銀行（BIS）の最新の調査によると、外国為替市場におけるドル・ユーロ・円の取引高シェア合計は全体の約72％（基軸通貨であるドルが約42％、ユーロが約20％、円が約10％）。9年前の約76％からは低下傾向にありますが、現段階でこの3通貨にとって代わる通貨はありません。取引高シェアが大きいということは、流動性が高いということを意味します。流動性の高い通貨は、売りたい時に売り、買いたい時に買うことができます。この3通貨が世界の為替相場のトレンドを作っていると言っても過言ではないでしょう。

さらに、取引高シェアを通貨ペア別に見ると、ユーロ／ドルが約30％とダントツです（**図表1**参照）。円から投資されるお客様にとっては、あまり馴染みのない組み合わせだと思いますが、「円相場」という発想を持っているのは日本人だけで、今の世界の市場への影響力からすると、ドル相場、ユーロ相場の裏側に円があるに過ぎません。ドル円やクロス円を取引する場合でも、実はユーロ／ドルの動きと見比べることで相場の方向性がつかめることが多いのです。

ドル・ユーロ・円の「大きな流れ」を意識する

では実際に、ドル・ユーロ・円の動きから相場を読み解く練習をしてみましょう。ポイントは、第3章⑧でもご紹介したとおり、**「相場の主語」を見極める**こと。相場の主語が理解できれば、市場が注目しているテーマもおのずと見えてきます。

まず、ドル／円、ユーロ／円、ユーロ／ドルの同時期のチャートを縦に並べてみてください。ここでは、2009年8月末〜2011年8月末までの2年分のチャートをサンプルとして用意しました（170ページ**図表2**参照）。

次に、日々の細かな値動きではなく、目を細め「大きな流れ」を意識して眺めてみましょう。すると、ほぼぴったり同じタイミングで、各相場の方向性が変化していることに気付くと思います。これは、為替があくまで「交換レート」であり、ドルが売られるということは、一方でユーロや円が買われることを意味するからです。

例えば①の時期では、ドル／円が行ったり来たりの動きであるのに比べ、ユーロ売り円買い、ユーロ売りドル買いが非常に強いことから、相場の主語は「**ユーロ売り**」だと判定できます。

思い起こせば2009年の秋は、ギリシャ問題の始まりとなった時期です。10月の総選挙で誕生したギリシャの新政権が、旧政権が隠していた財政赤字を明らかにしたことをき

図表2　2年間(2009/8〜2011/8)のドル/円、ユーロ/円、ユーロ/ドルの推移

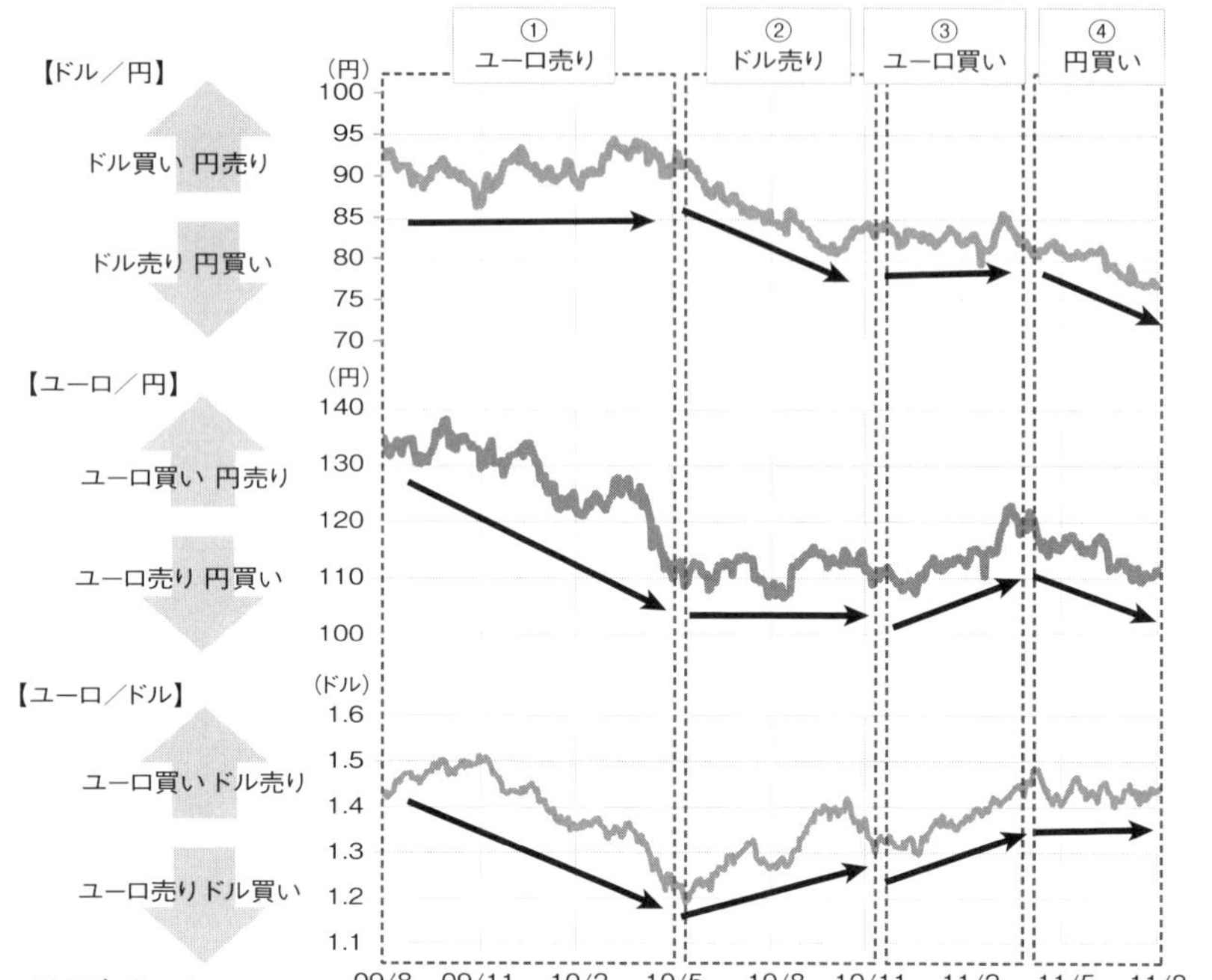

※日次データ

っかけにユーロの信認が崩壊。強烈な「ユーロ売り」となりました。この時ドル/円だけをじっと眺めていた人は、市場のこの大きな変化に気付けません。

しかし、市場は勝手なもので、重要と考えられるテーマはその時々によって変わります。人の心理の飽きっぽさもあり、マーケットが注目するテーマは、3〜6カ月程度でくるくる入れ替わることが多いのです。

実際、ギリシャ問題が一服した②の時期には、経済指標の悪化から米景気の二番底懸念が広がり、相場の主語は「**ドル売り**」に変わりました。この時期ユーロは対ドルで買い戻されていますが、対円ではレンジ内での上下が続いています。これらの動きから、あく

までドルという敵失によるユーロ高であり、ユーロそのものの強さを評価したものではないことが分かりますね。

取引量が多く、流動性の高い代表的な３通貨について、市場参加者がどの情報に注目し、どんな予想を立て、どのようにお金を動かしているのか――まずはこれを基礎として、そのうえで他通貨の動きを見ていくと、相場の流れがぐんと読みやすくなります。ぜひ、ドル・ユーロ・円の動きを継続的にチェックすることをオススメします。

？「『どこに』を掘り下げて説明する場合は…？」

▼取引高の大きい3大通貨の動きをチェック！
～クロス円取引でも「世界目線」を意識してもらう
▼ドル／円、ユーロ／円、ユーロ／ドルの値動きを見比べて「相場の主語」を読み解く！
～特にユーロ／ドルの動きに注目してもらう

6 「どのように」の代表的な3分類

2011年9月末の世界の株式時価総額が、3月末からのわずか半年間で約10兆ドル（1ドル＝77円換算で約770兆円）減少したとの報道がありました。

欧州の財政危機を背景とした足元の市場環境を見ても分かるように、特にリーマン・ショック以降は、世界の株価が連鎖して同時に下落する現象が発生しています。そのため最近は、特定の地域というより〝ゴールド〟〝インフラ〟など、何かのテーマに特化したタイプの商品に注目が集まっており、「運用方法の違い」が取り上げられることも多くなりました。

そこで「投資信託の3」の6回目は、ファンド選びに欠かせない3つのキーワード（何に・どこに・どのように）のラストとして、「どのように」を左右する3つの分類をチェックしておきましょう。株式運用における代表的な運用手法を例にとって見ていきたいと思います。

■パッシブ⟷アクティブ
■トップダウン⟷ボトムアップ
■グロース⟷バリュー

今回は日本株ファンドをお探しでしたね
□□インデックスファンド
○○グロース・オープン
△△バリュー・オープン
ずいぶんいろいろあるんだねえ
株式ファンドを見分けるコツはファンドマネージャーがどのような作戦をとっているかを知ることなんです
作戦？
作戦は3つの方法で整理できます
まず1つ目は アクティブ運用かパッシブ運用かという「運用方法」の違いです
それは知っているよ
株式に投資する以上やっぱりアクティブ運用が面白いと思うね
そのアクティブ運用を選択した際に重要となるのが2つ目の「調査方法」です
まず投資分野という森を決め そこから優良な木 つまり企業を選び出すトップダウンと木を一本ずつ決めて積み上げて全体の組み合わせを作るボトムアップがあります
なるほど3つ目は？
アクティブ運用における銘柄の「選択方法」です
成長性に着目するグロースと割安さに着目するバリューという切り口が代表的です

ファンドマネージャーの「運用方法」＝〝シェフの調理方法〟

1回目でご紹介した資産運用のたとえ話を覚えていますか？　資産運用を料理になぞらえ、個人で行う運用を主婦の家庭料理に、投資信託をシェフが作るプロの料理にたとえて説明しました。

このシェフの調理方法、すなわちファンドマネージャーの「**運用方法**」こそが、「どのように」を最も大きく左右する最初の分類になります。いわゆる「**パッシブ（インデックス）運用**」と「**アクティブ運用**」です。

パッシブ運用は平均的なレシピを寸分の狂いなく再現することを目指すもの、アクティブ運用はシェフが独自の作戦を立て素材を選び最高の味を目指すもの、と考えれば分かりやすいでしょう。

すると次に着目すべきは、アクティブ運用における〝シェフの作戦〟です。アクティブ運用では、個別銘柄を調査し、市場平均以上に値上がりしそうな銘柄を選択していくことになりますから、**銘柄の①「調査方法」**と、**②「選択方法」**が作戦の要となります。

〝シェフのメニュー作り〟で「調査方法」を理解しよう

①「調査方法」は、「**トップダウン**」と「**ボトムアップ**」という2つのアプローチ法で分類できます。これもシェフになったつもりで考えてみましょう。シェフとして大事なパ

図表　株式運用における代表的な運用手法

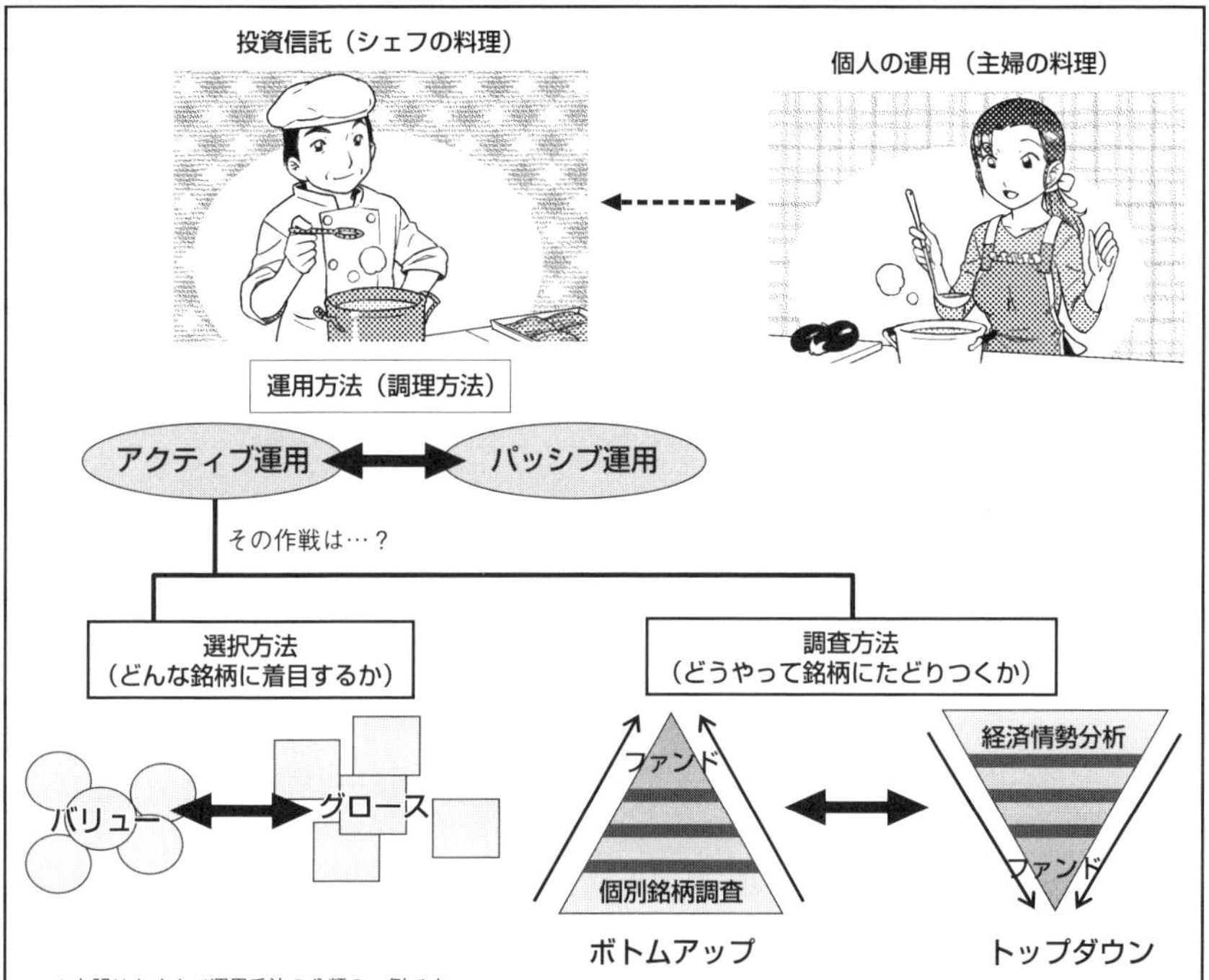
投資信託（シェフの料理）
個人の運用（主婦の料理）
運用方法（調理方法）
アクティブ運用
パッシブ運用
その作戦は…？
選択方法
（どんな銘柄に着目するか）
調査方法
（どうやって銘柄にたどりつくか）
バリュー
グロース
ファンド
個別銘柄調査
経済情勢分析
ファンド
ボトムアップ
トップダウン

※上記はあくまで運用手法の分類の一例です。
※人間ではなくコンピューターが、数理モデルに沿って投資判断を行う「クオンツ運用」などもあります。

ーティーを任されたと仮定してください。皆さんならA・Bどちらの作戦でメニューを決めますか？

【作戦A】当日の季節や気温、参加するお客様の好みなどを念入りに調査し、その日にふさわしい料理のテーマからメニューを絞り込んでいく方法。

【作戦B】とにかく頑固に素材と味にこだわり、「自分の好きなこれと、評判のいいあれ」というふうに材料を組み合わせてメニューを作っていく方法。

この「メニュー作り」を、ファンドの「ポートフォリオ作り」に置き換えると、Aがトップダウンアプローチ、Bがボトムアップアプローチとなります。トップダウンは、景気の方向や経済指標等の分析から、業種比率など組み合わせの大枠を決め、最後に個別銘柄を決定していくというもの。これに対しボトムアップは、個々の銘柄の分析を重視して、その積上げの結果として全体の組み合わせを作っていくというものです。

銘柄の「選択方法」は〝新メニューの食材選び〟

②「選択方法」は、代表的なものとして「**グロース**」「**バリュー**」という分類が挙げられます。日本語にすると、グロースは「成長株投資」、バリューは「割安株投資」。あえて簡単にいうならば、グロースは「将来成長して化けそうな銘柄」に、バリューは「現在のお買い得銘柄」に注目して投資するスタイルということです。評判を呼ぶ新メニューを開発しようとするときに、少々高くてもこれから大ブームとなりそうな注目の食材を使うか、味は抜群なのに何らかの事情で安くなっているお得な食材を探すか——というイメージでしょうか。

ちなみに、グロースとバリューの定義は、明確には決まっていません。成長性の高低は、PBR（株価純資産倍率）の指標で判断することが多いのですが、人によって意味するところが違う場合もあります。また、同じ企業が「成長性」と「割安さ」の観点から、グロース、バリュー両方の投資対象となることもあり得ます。

ただ、どちらにしろ、現在のあるべき株価と現実の株価のギャップを狙うものであり、他の市場参加者を出し抜かなければならない点は共通だといえるでしょう。

ご紹介してきたとおり、「どのように」に影響する代表的な運用手法は、パッシブ↕アクティブ、トップダウン↕ボトムアップ、グロース↕バリューと、**2つの対になる組み合わせ（二項対立）**で分類ができます。各分類のそれぞれにメリット・デメリットがあり、どちらが優位と決まっているわけではないのが難しいところです。

だからこそ、目的に合ったファンドを選んでいただくためにも、その後の運用結果に納得していただくためにも、「ファンドマネージャーがどんな考え方で運用しているのか」をお客様に知ってもらうことはとても重要なのです。

？「『どのように』を掘り下げて説明する場合は…？」

▼まずは二項対立する代表的な3分類をしっかり押さえる
～パッシブ↕アクティブ、トップダウン↕ボトムアップ、グロース↕バリュー
▼それぞれにメリット・デメリットがあることを理解したうえで、特徴をつかんでもらう

7 分配金説明で使われる3つの高さ

2011年8月に金融庁から示された「金融商品取引業者等向け監督方針」を受けて、現在の投資信託販売の主流商品である「毎月分配型」ファンドの説明が強化されることになりましたが、販売の現場では、一体どこまで説明すればよいのかと戸惑う声も多いようです。

ただ、この「どこまで?」については明確な基準があるわけではありません。なぜなら、お客様の知識レベルは一人ひとり違うからです。単に資料を読み上げるのではなく、お客様それぞれの目線に合わせて説明を尽くすことが、今改めて求められているといえるでしょう。

そこで「投資信託の3」の7回目は、多くのお客様が注目する「**分配金の3つの高さ(多さ)**」を取り上げ、分配金に関してお客様が誤解しやすいポイントを整理していきたいと思います。

■ 分配金額
■ 分配金利回り
■ 分配対象額

1
分配金額か 分配金利回りが高い ファンドを教えてくれる？
山口様は 分配金を 「運用結果によって後から別に もらえる利益」とお考えですか？
2
違うの？
投資信託の純資産
分配金
まず 分配は「ファンドを 持ち続けながら 自動的に その一部を取り崩して使う機能」 とお考えください
3
さらに 投資信託の分配金は その期の収益がマイナスでも 会計ルールで定められた 「分配対象額」の範囲内で 支払われる場合が あります
へえ
4
「分配対象額」とは ファンドが 分配金として払い出せる 会計ルール上の上限金額を 示すもので——
その額が多いファンドのほうが 今後の分配金を多く出すことが 可能になります
5
じゃあ その分配対象額が多い ファンドがいいんじゃない？
分配対象額もあくまで 基準価額の一部にすぎません 分配金として払い出せば その分 基準価額が下がって しまうのです
6
分配金額 分配金利回り 分配対象額は 分配金で誤解 されやすい3大ポイントなんです
なるほどね

分配金のイメージはアンパンマンの顔!?

1つ目は「**分配金額の高さ**」です。

時々販売員の方から「分配金についてしっかりと説明していますが、結局お客様は分配金の〝金額〟が高いファンドを好むんです」という声を聞きます。

しかし、投資信託協会が2011年に行ったアンケートによると、「分配金が支払われた額だけ基準価額が下がる」という基本を理解していたのは、現在保有層・保有経験層でもわずか17%程度という結果でした。「分配」という言葉の響きから、「分配金は運用の結果として後からもらえる利益」と思い込んでいるお客様には、〝分配金は基準価額の中から出る〟といった定番の表現だけでは伝わりにくいのかもしれません。

こういったお客様にはまず、「分配金＝運用資産の取崩し」という事実を認識してもらうこと、個々人の口座でみれば分配金の分だけ一部換金したのと同じであるという感覚を持ってもらうことが大切です。引き出せばその分必ず減る――ビジュアルでイメージするなら、自分の顔を食べさせてあげると、その分顔が減ってしまう「アンパンマン」といったところでしょうか。

また、投資信託の分配金は、その期間の収益を超えて、あるいはその期間の収益がマイナスでも、支払われる場合があることをお伝えしましょう。

ファンドのマンスリーレポートなどを活用して、「基準価額は1カ月で100円下がっています。為替要因等で50円のプラスが出たのですが、分配金を150円お支払いしたので、合計で100円のマイナスとなりました」といったように具体的な数字で説明するとぐっと分かりやすくなります。

分配金利回りの高さにこだわるお客様には要注意

2つ目は「**分配金利回りの高さ**」です。

この「分配金利回り」についてはいろいろな計算の定義があるようですが、一般的によく使われているのは、例えば「基準価額5000円、毎月の分配金100円」のファンドの場合に、「100円×12カ月÷5000円＝24％」とする計算です。しかし、この利回りを実際に達成するためには、①今後1年間、毎月100円の分配が継続する、②基準価額が1年後に5000円になる、という2点が成り立たなくてはなりません。

すでに説明したとおり、分配金を毎月100円ずつ出した場合、マーケット要因を別にすれば、基準価額は1年間で1200円分下落し、3800円となります。

したがって、②を前提にするということは、3800円となるはずの基準価額が、マーケット要因により5000円に上昇すると最初から決めつけていることになるのですが…これは少しおかしい考え方ですよね。

つまり分配金利回りは「現在、年24％で回っている」という意味でも、「将来、年24％の利回りが期待できる」という意味でもありません。①と仮定した場合に、現在の基準価額で買った人が、分配として年24％のペースで運用資産を取り崩す、ということを示しているにすぎないのです。

ファンド選びでは、そのファンドが「何に」「どこに」投資しているか、その中身が今後上昇するかどうかを見極めることこそが重要です。このポイントを、分配金利回りの高さだけにこだわりがちなお客様にしっかりと説明しましょう。

分配対象額はあくまでも基準価額の一部

3つ目は「**分配対象額の多さ**」です。

「分配対象額」は、「分配原資」「分配余力」「過去の利益の蓄積」という言葉で説明されることが多いため、一般に「分配対象額が多いファンド＝分配が長く出せる良いファンド」と理解されているようです。

最近では、「分配対象額はいくらあるか？」というご質問を受けることが多くなりました（「分配対象額」については第3章⑥参照）。

確かに分配対象額は、そのファンドが分配金として払い出せる会計ルール上の上限金額を示すものですから、分配対象額が多いファンドのほうが、今後の分配金を多く出すことが可能になります。基準価額が下落し、収益がマイナスとなった月でも分配を継続できるのは、この分配対象額のおかげです。

しかし、ここで絶対に押さえてほしいのは、分配対象額はあくまで会計ルールに基づいて計算された帳簿上の概念であり、基準価額の一部だということです。どこかに現金で別にプールされているようなものではありませんから、分配金として払い出せばその分基準価額は下がります。

さらに、分配対象額の多さが、将来の分配金を保証するわけでもないことに注意が必要です。分配対象額があるからといって、毎月ファンドが稼ぐ利益以上に分配を続ければ、その分基準価額は下落し続けることになるでしょう。そのようなことがないように基準価額の維持を目的に分配金が引き下げられることもあるからです。

以上、説明したように、投資信託の分配には複雑な会計ルールが絡んでおり、すべてのお客様にその仕組みを１００％理解してもらうのはとても難しいことです。

しかし、私自身の実体験から言えば、お客様の思い違いの多くは、実は非常に基本的なところだったりします。繰り返し、丁寧に説明することで、小さな誤解を解きほぐしてあげてください。

?「お客様の『分配金への思い込み』が強いケースでは…?」

▼誤解の多い3つの高さ（多さ）の意味を正しく知ってもらう
～分配金額、分配金利回り、分配対象額
▼具体的な数字を使った説明で納得してもらう

8 マーケットを見る3つの目

皆さんは「虫の目、鳥の目、魚の目」という言葉をご存知でしょうか？　経営者や経済学者などが、ビジネスを見るときの大切な視点としてよく引用する言葉ですが、実はそのまま「マーケットを見るうえで忘れてはならない視点」に置き換えることができます。

「投資信託の3」の最後は、お客様へのマーケット説明に役立つ「3つの目」をご紹介してしめくくりたいと思います。

短期的な視点で細かなデータを読む「虫の目」

まず初めに**「虫の目」**。近いところで複眼を使って、細部まで注意深く見る目のことです。虫たちは、小さな体で生き抜くために、外敵を素早く察知するなど、様々な角度から現実の小さな変化を読み取らなくてはなりません。

この「虫の目」は、マーケットにおいては**「細かいデータを読む短期的な視点」**となります。

虫の目
鳥の目
魚の目

このところ ずいぶん基準価額が下落している
マーケットは今後どうなるのかなぁ…
確かに先が見通しにくい状況が続いていますよね 吉田様は マーケットを見るうえで大切な「3つの目」をご存じですか？
3つの目？
1つ目は「虫の目」です
外敵を素早く察知するために複眼を使って注意深く観察する虫のように 短期的な視点で細かなデータを読むことです
2つ目は「鳥の目」です
これは 高い所から俯瞰して全体を見渡す鳥のように長期的な視点で経済の大局を読むことです
つまり短期的な視点と長期的な視点でマーケットを見るわけだね
そして最後は「魚の目」です
特に運用の世界では水の流れを敏感に感じ取る魚のように マーケットのトレンドを読む中期的な視点が大切だといわれています
様々な出来事が 株価や景気にどんな影響を与えているかマネーの流れに変化はあるのか運用会社のレポートで一緒に確認してみましょう
ぜひお願いするよ
○○ファンド

市場は勝手なもので、重要と考える材料はその時々によって変わります。同じ材料が翌月には全く違う解釈になることもあります。

したがって短期的な相場の動きは、多くの市場参加者が〝今、最も注目されている材料〟から立てた「予想」に影響されることが多いのです。例えば、「アメリカの失業率は先月より改善したが、予想より悪化したことを嫌気してドル売りが加速した」といったニュースがまさにそれです。短期的なマーケットは**「予想」からの変化**に反応しやすいという点を、ぜひ心に留めておいてください。

長期的な視点で経済の大局を読む「鳥の目」

次に、虫では見えない広い範囲を、高いところから俯瞰して全体を把握するのが「**鳥の目**」です。これをマーケットに当てはめれば「**歴史観を踏まえて経済の大局を読む長期的な視点**」となります。

歴史は繰り返すといわれます。しかし一方で、1つとして同じ歴史は存在しません。これは、経済においても同じことです。人間の欲望が続く限り、これからもバブルは繰り返されるでしょうし、どんなに危機的な状況でも、ときに株価は上昇し、通貨は変動し、何より景気は循環していくでしょう。しかし過去と全く同じ軌跡をたどることはありません。

だからこそ、長期的な経済の行方を読むためには、いたずらに楽観に走ったり、悲観をあおったりするのではなく、歴史を知り、過去と現在の類似する現象を対比しながら、真摯に未来の動向を探るしかないのです。

例えば「ユーロ危機で今後ユーロはどうなるのか」を考えるにあたっては、１９９２年に英国で起こったポンド危機、１９９８年にロシアで発生したルーブル危機など、過去の通貨危機との比較が大いに役に立ちます。各々の共通点・相違点が整理できれば、ユーロが抱える構造的な問題が浮き彫りになり、今後ユーロが立ち直っていくために必要な条件も見えてくるはずです。

中期的な視点でトレンドを読む「魚の目」

「木を見て森を見ず」になりがちな「虫の目」と、「森を見て木を見ず」になりがちな「鳥の目」。その両者の欠点を補い、つなぐ役割を果たしてくれるのが、最後の「**魚の目**」です（〝うおのめ〟ではありませんのであしからず）。

「魚の目」は、水の流れや潮の満ち引きを敏感に感じとる目のことです。マーケットにおいては「**トレンドを読む中期的な視点**」となります。

トレンドとは、値動きを大きな波として捉えた場合の傾き・方向性を指します。魚が潮流の変化を見誤れば命にかかわる事態になりかねないのと同様に、資産運用においても、**マネーの潮流の変化やスピード**を見誤ると大変なことになります。特に投資信託という商品は、そもそも時間を味方につけてじっくり資産を育てる運用に適した商品ですから、この「魚の目」が最も重要といっても過言ではありません。

ではどうしたら「魚の目」を鍛えることができるのでしょうか？

まずはマーケットに影響を与えている大きな出来事をピックアップし、「**なぜ？　なぜ？　なぜ？**」と掘り下げることを心がけてみてください。

すると、「欧州諸国の財政危機はなぜ起こったのか→各国の赤字が膨らんだから」「赤字はなぜ膨らんだのか→世界経済危機への対策で国がお金をたくさん使ったから」「世界はなぜ経済危機に陥ったのか→リーマン・ショックの発生が引き金となったから」――といったように、出来事同士のつながりが見えてきます。

マーケットの出来事1つ1つは小さな「点」でしかありませんが、点と点をつなげば必ず「線」になります。様々な出来事を経ながらも景気や株価のラインは上昇傾向が続いているのか、それとも潮目となる出来事を境にして下降傾向に変わっているのか――などを日頃からチェックするクセをつければ、大きな流れもつかみやすくなってくるでしょう。

さらに、「魚の目」で見る訓練においては、何より継続することが大切です。もちろん新聞を使ってもよいのですが、簡単な方法としてファンドの月次レポートを活用するという手もあります。自分の好きなファンドを1つ選んで、今後の見通しに関する表現を継続的にチェックしてみるのです。

前月に比べてその書きぶりが変わってきたり、「○○○のリスクには注意が必要です」といった表現が出始めたりしたら、それはマーケットの流れにも変化が出てきたサインと考えられるでしょう。

もちろん、「3つの目」でどんなにバランスよくマーケットを眺めたとしても、未来が確実に分かるわけではありません。誰も正解を知らないというのが、投資の世界の大前提だからです。

したがって、最終的な決断は常に「**お客様の目**」です。皆さんには、イメージや自分の思い込みにとらわれることなく、「3つの目」で状況を客観的に捉え、お客様をナビゲートしていく役割を期待したいと思います。

？「マーケットを説明するときの注意点は…？」

▼3つの目をバランスよく使って、複数の視点でマーケットを眺めてみる
～虫の目、鳥の目、魚の目

▼「自分の思い」ではなく「客観的な事実」を伝える

おわりに

今でこそ言える話ですが、その昔、私は投資信託があまり好きではありませんでした。

その昔というのは、前職の銀行員時代です。首都圏支店で融資業務に邁進していた私に、ある日突然「異動」の辞令が下ったのは、入行5年目の春でした。

行き先は本店、外国為替のディーリングルーム。コンピュータ取引が主流となった今では相当静かな職場ですが、私が足を踏み入れた当時はまだ、怒号が飛び交う、まるで動物園のような空間でしたので、当初は震えるほど怖かったことを覚えています。

ディーラーの世界は瞬発力が命です。通常は、1回の取引で1000万ドル程度を動かしますから、1ドル＝100円で換算すれば、なんと10億円！　その緊張感といったらタダモノではありません。

ただ、そういう世界に毎日いると、膨大な時間を費やして様々な情報を集め、相場をピンポイントで当てることに、だんだんと快感を覚えるようになります。そしてさらに続けていくうちに、プロだからと言って相場を必ず当てられるわけではないという現実を、身をもって知ることになります。

当時は、日々の忙しさと会社のコンプライアンス上の制限を言い訳にして、自分の資産運用には全く取り組めていませんでしたが、「もし資産運用をするなら自分でタイミングを見て売買したほうがいい。投資信託でプロに任せると言ったって、必ず当てられるわけでもないし、いっぱい手数料も取られるし…」などと思っていました。

そんな私の意識が大きく変わったのは、転職でディーリングルームを離れた後です。相場の面白さも怖さも、あれだけ体に叩き込んだはずなのに、一個人として、自分のお金で相場に挑もうと思った途端、不安とためらいが襲ってきたのです。これまでの自分は、プロの世界の圧倒的な「資金力」と圧倒的な情報の「収集力」「分析力」に支えられ、自分のありったけの時間を注ぎ込めていたからこそ成り立っていたのだということに気づかされた瞬間でした。同時に、投資信託が個人投資家にとって「便利で合理的な道具である」ことに気づいた瞬間でもありました。

これから日本は本格的な成熟社会に入ります。高齢化のスピードは速く、経済も昔のような成長軌道を描くのは難しいでしょう。長引く低金利、年金不安、増税…私たちのお金をめぐる環境は決して良くありません。一人ひとりがしっかりお金に向き合わなければならない時代なのに、すべての人が運用に回せる十分な「時間」と「力」を持つわけではないのです。上手にプロの力を借り、自分の時間とお金を有効に使える「投資信託」という道具を、直接お客様にご提案できる皆さんの役割は、今後さらに重要性を増すはずです。

本書をきっかけに、投資信託の基本的な考え方や投資信託セールスにおける気持ちの持ち方、お客様への伝え方などに関して何らかの気づきがあったとしたら、そしてそれが自信を持って投資信託セールスに臨むための第一歩につながったとしたら、こんなにうれしいことはありません。

最後に、本書の出版機会を与えてくださった、近代セールス社編集部の皆様と出版部の野崎真之氏に、この場をお借りして心より御礼申し上げます。

そしていつも、私に対して貴重な情報、意見を与え、サポートしてくれる、ＤＩＡＭアセットマネジメント投信営業第四部のメンバーに心から深く感謝しています。

２０１２年８月

伊藤雅子

索引

●著者略歴●

伊藤雅子（いとうまさこ）

早稲田大学第一文学部卒業後、日本興業銀行入行。法人融資に携わった後、カスタマーディーラーとして外国為替セールス業務に従事。日々10億円単位で資金を動かし、外為マーケットの最前線に立つ。

2003年11月、興銀第一ライフ・アセットマネジメント（現・アセットマネジメントOne）入社。マーケット経験を生かし、専門的な話をできるだけわかりやすく伝えることを第一に、投資信託の普及に努めている。販売会社の営業員向け研修や一般投資家向けセミナーなど講演経験多数。

CFP®、１級ファイナンシャルプランニング技能士。

明日から投資信託セールスにもっと自信がつく本
基本知識とすぐに使える提案ノウハウ

2012年９月15日　初版発行
2021年３月16日　８刷発行

著　者　伊藤 雅子
発行者　楠 真一郎

発行所　近代セールス社
〒165-0026
東京都中野区新井2-10-11　ヤシマ1804ビル４階
電話　03-6866-7586
FAX　03-6866-7596
マンガ・イラスト　小野ひろき
印刷・製本　㈱壮光舎印刷

ISBN 978-4-7650-1160-0